Neue Wohnformen im Alter

Wünsche, Bedürfnisse und Möglichkeiten von Seniorinnen und Senioren

Bibliografische Information der Deutschen Nationalbibliothek:

Die Deutsche Nationalbibliothek verzeichnet diese Publikation in der Deutschen Nationalbibliografie; detaillierte bibliografische Daten sind im Internet über http://dnb.d-nb.de abrufbar.

Impressum:

Copyright © Studylab 2018

Ein Imprint der Open Publishing GmbH, München

Druck und Bindung: Books on Demand GmbH, Norderstedt, Germany

Coverbild: Open Publishing GmbH | Freepik.com | Flaticon.com | ei8htz

Inhaltsverzeichnis

Abstract / Zusammenfassung

In der Gesellschaft steigt die Zahl der älteren Menschen an. Ebenso ungleich wie die Menschen einander sind, so verschieden sind auch die Ausprägungen des Alters. Die eigenen Bedürfnisse und Ressourcen sind vor allem für den Bereich *Wohnen* von Relevanz, da sie einen entscheidenden Faktor für die Wahl des künftigen persönlichen Alterswohnsitzes darstellen. SeniorInnen steht derzeit bereits eine Vielzahl an Wohnformen zur Auswahl.

Diese Arbeit hat die Zielsetzung vorzustellen, welche Wohnformen Älteren generell zur Verfügung stehen und welche Teilhabechancen sich daraus ergeben. Des Weiteren klärt die empirische Erhebung, die zwischen der Stadt Neumarkt und der ländlichen Gemeinde Sengenthal vergleicht, welche Wohn- und Unterstützungsformen sich die SeniorInnen für sich selbst bei zunehmendem Hilfsbedarf vorstellen können. Dafür wurde ein quantitativer Fragebogen erstellt und an die BürgerInnen ab 65 Jahren ausgegeben.

Der Rücklauf der 172 SeniorInnen zeigte, dass der Großteil der SeniorInnen im Eigenheim und gemeinsam mit dem Partner wohnt. Neben dem Wunsch künftig weiterhin zuhause wohnen zu bleiben, erhalten vor allem Wohnformen Zuspruch, bei denen ein hohes Maß an Selbstbestimmung gewährt wird. Der Hauptgrund, der die SeniorInnen zu einem Umzug bewegen könnte ist der Verlust der Selbstständigkeit. Als verbesserungswürdig wurde in beiden Erhebungsorten die Verfügbarkeit von altersgerechten Wohnungen sowie die Optimierung der Infrastruktur genannt. Die Wohn- und Lebenszufriedenheit der Befragten fällt in beiden Wohnorten recht hoch aus.

Alternative Wohnformen sind in beiden Erhebungsorten unzureichend vorhanden und werden daher kaum wahrgenommen. Vor allem neuere Konzepte, wie das Wohnquartier, sind den SeniorInnen nahezu unbekannt. Dementsprechend ist noch viel Aufklärungsarbeit notwendig, um die ältere Generation bestmöglich auf das künftige Wohnen vorzubereiten und ihnen ein Altern in Würde sowie Selbstbestimmtheit zu garantieren.

Abkürzungsverzeichnis

AAL	Ambient Assisted Living Systemen
BAGSO	Bundesarbeitsgemeinschaft der Seniorenorganisationen
BGB	Bürgerliches Gesetzbuch
BewG	Bewertungsgesetz
DIN	Deutsches Institut für Normung e.V.
GENiAL e.V.	Generationen helfen im Alltag e.V.
MDK	Medizinischer Dienst der Krankenkassen
SGB V	Sozialgesetzbuch Fünftes Buch - Gesetzliche Krankenversicherung
SGB XI	Sozialgesetzbuch Elftes Buch – Soziale Pflegeversicherung
BMFSFJ	Bundesministerium für Familie, Senioren, Frauen und Jugend
UN	United Nations
WHO	World Health Organization

Abbildungsverzeichnis

Tabellenverzeichnis

1 Einleitung

> „Nur als ein Wohnender, [...] nur in der Verfügung über einen [...] von der Öffentlich-
> keit abgesonderten und privaten Bereich, kann der Mensch sein Wesen erfüllen und
> im vollem Umfang Mensch sein" (Otto Friedrich Bollnow)

Mit seiner bekannten Redewendung „every man desires to live long; but no man would be old" ahnte Jonathan Swift vielleicht bereits 1812 die aktuelle Situation voraus (Swift 1812, S.174). Denn tatsächlich wird die weltweite Bevölkerung nicht nur mobiler, gebildeter oder produktiver, sondern zugleich immer älter und morbider. Es droht eine Überalterung der Gesellschaft: Während im Jahr 1990 der deutsche Altenquotient, der die Relation der Bevölkerung im Rentenalter zur Bevölkerung im Erwerbsalter misst, noch bei 24 lag, ist der Wert 2015 bereits auf 35 angestiegen. Das bedeutet, dass statistisch gesehen 35 RentnerInnen 100 Erwerbstätige gegenüberstehen. Im Jahr 2060, so schätzt man, kommen bereits 61 SeniorInnen auf 100 Erwerbstätige (vgl. Statistisches Bundesamt 2017, S.55f.).

Diese Entwicklung wirft nicht nur bei den Vorsorgeleistungen der Sozialkassen ein Problem auf, sondern stellt die gesamte Bevölkerung vor enorme Schwierigkeiten: Der Generationenvertrag funktioniert nicht mehr und qualifizierte Fachkräfte fehlen an jeder Ecke. Vor allem im Bereich der Pflege kommt es bereits zu Problemen, denn die Zahl derer, die im Alter nicht mehr ohne Hilfspersonen zurechtkommen, erhöht sich zusehends. Der Bedarf an altersgerechten Wohnobjekten, die jedoch schon heute rar gesät sind, steigt ebenfalls weiter an.

„Damit das längere Leben lebenswerter wird", ist ein Ausschnitt aus den Grundsätzen der Vereinten Nationen für ältere Menschen, die 1991 als Folge der demografischen Alterung verfasst wurden (United Nations 1991). Das Dokument zielt darauf ab, neben verschiedenen Rechten und der Würde vor allem auch Unabhängigkeit, Partizipation und Selbstverwirklichung älterer Personen zu wahren. Da sich der Radius der eigenen Lebenswelt mit steigendem Lebensalter aufgrund des körperlichen Abbaus verringert, gewinnt das persönliche Wohnumfeld zunehmend an Bedeutung. Daher ist das *„Wohnen im Alter"* nach wie vor, oder besser gesagt mehr denn je, ein brisantes Thema und wird auch in Zukunft von enormer Aktualität und gesellschaftspolitischer Relevanz bleiben.

Verständlicherweise besteht bei SeniorInnen der Wunsch, so lange wie möglich zuhause und selbstbestimmt zu wohnen. Doch was geschieht, wenn dies nicht mehr möglich ist? In der Vorstellung vieler älterer Menschen gibt es im Alter nur drei Wohnformen: Das Wohnen bei, bzw. mit den eigenen Kindern, allein zuhause oder in einem Seniorenheim. Dabei löst bereits alleine das Wort „Altenheim" bei dem Großteil der SeniorInnen Panik aus. Dementsprechend bedeutet die Entscheidung für diese Wohnform für Angehörige meist enorme Überzeugungsarbeit und hat letzten Endes stets den bitteren Beigeschmack des „Abschiebens". Viele wissen nicht wie breit das Spektrum an neuen, alternativen und altersgerechten Wohnformen heute tatsächlich ist.

Aus diesem Grund werden in der vorliegenden Arbeit, nach einer Einführung in die Themengebiete Alter und Wohnen nicht nur Wohnungsanpassungsmaßnahmen vorgestellt, sondern auch klassische sowie alternative Wohnkonzepte näher beleuchtet. Da besonders im Alter die soziale Partizipation eine große Rolle spielt, geht der Trend mittlerweile dazu über, das eigene Leben und das künftige Wohnen vorausschauend zu planen, um im Alter nicht zu vereinsamen. Dementsprechend werden die im weiteren Verlauf genannten Wohnkonzepte einer Analyse hinsichtlich ihres jeweiligen Inklusionspotenzials unterzogen.

Im Anschluss an den theoretischen Teil folgt eine empirische Erhebung, die zwischen dem aktuellen Wohnen und den Wohnwünschen der EinwohnerInnen ab 65 Jahren der Stadt Neumarkt und der Gemeinde Sengenthal vergleicht. Nach Einbettung in den theoretischen Rahmen werden die methodische Durchführung und die wesentlichen qualitativen Fragebogenergebnisse erläutert und wiederum in Bezug auf die Basistheorien ausgewertet. In dieser Erhebung werden ebenfalls die konkreten Bedürfnisse des künftigen Wunsch-Wohnens dargestellt und die Unterschiede zwischen den Bedürfnissen der städtischen und den ländlichen BewohnerInnen aufgezeigt.

Abschließend folgt ein zusammenfassendes Fazit, in welchem die Ergebnisse dieser Arbeit hinsichtlich ihrer Relevanz für Politik, Architektur und Städtebau diskutiert werden. Außerdem wird an dieser Stelle eine persönliche Handlungsempfehlung für Kommunen und die eben genannten Beteiligten geliefert, um die Auswirkungen der Überalterung als Potenziale nutzen zu können.

2 Gesellschaftlicher Wandel

Der demografische Wandel verändert die Bevölkerungsstrukturen und das Zusammenleben in unserer Gesellschaft nachhaltig. Vor allem in den Industrieländern ist die Überalterung der Bevölkerung bereits deutlich sicht- und spürbar. Neben dem Nachrücken der geburtenstarken Jahrgänge, der sogenannten „Baby-Boomer-Generation", in das Rentenalter ist die vergleichsweise geringe Geburtsrate bei gleichzeitiger Zunahme der Lebenserwartung als Ursache dafür zu nennen (vgl. Walter et al. 2006, S.19). Gründe für die steigende Lebenserwartung sind, neben den guten ökonomischen und sozialen Lebensverhältnissen, nicht zuletzt der enorme technische Fortschritt, der auch den medizinischen Bereich revolutioniert. Bereits bis 2015 stieg die Zahl der Menschen über 60 Jahre deutlich an und machte bis dahin etwa 25 Prozent der BundesbürgerInnen aus. Dieser Anstieg wird sich in den kommenden Jahren noch gravierend verstärken, sodass sich die Alterspyramide fortschreitend nach oben verschieben und sich immer mehr in die Form eines Pilzes wandeln wird. Für 2060 ist ein gesamtgesellschaftlicher Anteil älterer Personen von ca. 40 Prozent zu erwarten, Tendenz steigend (vgl. Abb. 1).

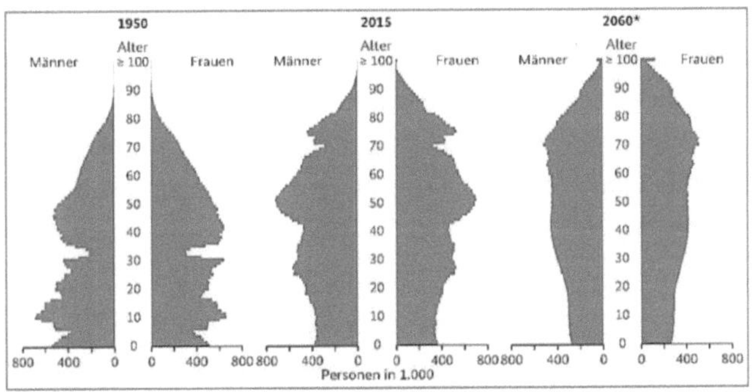

Abbildung 1: Verschiebung der Altersstruktur der deutschen Bevölkerung 1950-2060

Quelle: Demografie-Portal[1]

Bevor zum Themenkomplex Wohnen übergegangen wird, werden nachfolgend zunächst einige wesentliche Grundbegriffe definiert.

---

[1] https://www.demografie-portal.de/SharedDocs/Informieren/DE/ZahlenFakten/ Bevoelkerung_Altersstruktur_Ereignisse.html [Stand 09.10.2017]

3 Alter(n) im Wandel - Definitionsansätze

Jede/r von uns altert. Es ist daher keine Überraschung, dass Älterwerden für uns ganz selbstverständlich ist. Versucht man „Alter" allerdings zu definieren, stößt man schnell an seine Grenzen. Es gibt zahlreiche Ansätze, den Begriff „Alter" zu umschreiben. Einige AutorInnen betrachten das Alter als ein *soziales Ordnungskonzept*, manche als *soziale Leistung*, wieder andere als *Zeit der Verluste* oder als *soziale Konstitution*. Macht man sich jedoch bewusst, dass das Leben der heute 65-Jährigen durchaus noch über ein viertel Jahrhundert umfassen kann, erscheint es nachvollziehbar, dass es „den" alten Menschen nicht gibt (vgl. Wolter 2017, S.61). Aus diesem Grund versuchen zahlreiche AutorInnen den Begriff des Alters präzise zu fassen. Die verschiedenen Perspektiven, bestehen parallel zueinander und bedingen einander in gewisser Weise (vgl. Haefker & Tielking 2017, S.48).

3.1 Heterogenität des Alter(n)s

Wenn von einem älteren Menschen gesprochen wird, schießt den meisten von uns ein generalisiertes Altersbild in den Kopf, welches sich mit (zum Teil stereotypischen) negativ behafteten Attributen wie „gebrechlich", „schwach", „verwirrt", „hilfsbedürftig", „einsam" oder „konservativ" assoziieren lässt (vgl. Schenk, 2005, S.20). Ist ein älterer Mensch starrsinnig, so wird dies unmittelbar auf dessen Alter geschoben. Verhält sich hingegen ein jüngerer Mensch gleichermaßen, so wird das Verhalten anderen Gründen zugeschrieben (z.B. schlechter Tag, Stress) (vgl. Sittler 2017, S.3). Derartige Assoziationen, die aus dem Wechselspiel zwischen Individuum und Gesellschaft entstehen, sind allerdings nur selten gerechtfertigt.

Um das Alter in seiner ganzen Vielfalt darzustellen, muss eine Differenzierung des Altersbergriffs erfolgen. Durch die Pluralität der Lebensverläufe ist das Altern stets ein höchst individueller Prozess, der unaufhaltbar ist und dem sich keiner entziehen kann (vgl. Schenk 2005, S.32). Zentrale Faktoren ergeben sich dabei zwar immer höchstindividuell, nach der eigenen Biografie, sind zum Teil jedoch auch biologisch, kulturell, gesellschaftlich und politisch beeinflusst. Die Bedeutung des Alters ist folglich nicht nur physiologisch und psychologisch bestimmt, sondern auch sozial hergestellt, gesellschaftlich- und generationenabhängig (vgl. Eberle 2013, S.86).

Es bleibt festzuhalten, dass das Alter stets Ergebnis von individuell gesammelter Lebenserfahrung ist. Dementsprechend hat die Generation, die einen Krieg miterleben musste, deutlich andere Wert- und Lebensvorstellungen (z.B. Sparsamkeit,

Fleiß) als die darauffolgende Generation, die Aufschwung und Wohlstand gewohnt ist (z.B. Freiheit, Selbstverwirklichung). Diese individuellen Wertesysteme beeinflussen auch die Vorstellung von der Lebensphase „Alter".

Besonders deutlich wird der Heterogenitätsaspekt an folgender Aussage von Pincus: „Alte Menschen sind ja nicht alle gleich, wahrscheinlich sind sie das sogar noch weniger als irgendeine andere Altersgruppe: Denn ihr langes Leben hat sie zu Individualisten gemacht. Eines unserer augenblicklichen Probleme ist, dass die Gesellschaft sich weigert, das zu verstehen, und alle alten Leute ‚gleich' behandelt" (Pincus 1992, S.56f.). Gewissermaßen impliziert die Aussage von Pincus auch, dass der individuelle Alterungsprozess von der Altersfreundlichkeit unserer Gesellschaft, beziehungsweise deren Akzeptanz gegenüber älteren Mitmenschen, abhängt. Diese Akzeptanz ist für SeniorInnen maßgebend, um zu entscheiden, ob sie ihre persönlichen Ressourcen aktivieren und einbringen können, bzw. wollen (vgl. Haefker & Tielking 2017, S.52). Das bedeutet, wenn die Gesellschaft ältere Personen als vollständigen Teil der Gesellschaft anerkennt und mit dementsprechenden Verhalten würdigt, können ebendiese ihre eigenen Kompetenzen optimaler einbringen und verwerten (z.B. Erfahrung, Werte).

3.2 Phasen des Alters

Mit der Heterogenität des Alters befassten sich auch die Autoren Schenk (2005, S.190ff.) und Eberle (2013, S.80ff.). Beide Autoren stellten fest, dass heute nicht mehr von einem pauschalen Altersbegriff gesprochen werden kann. Ihrer Ansicht nach definiert sich das Alter durch die Zuschreibung von bestimmten qualitativen Merkmalen, die sie zusätzlich nach *weichen Altersgrenzen* in drei Kategorien rubrizieren:

Gesundes Rentenalter (go-goes) oder Junge Alte umfassen die Lebensphase zwischen 60 und 65 Jahre. Bei der Mehrheit der Menschen liegen in diesen Lebensjahren noch keine wesentlichen körperlichen Einschränkungen vor. Im Gegenteil: Die betreffenden Personen sprühen meist vor Energie, Gesundheit und Aktivität. Da für diesen Lebensabschnitt insbesondere der Ausstieg aus dem Berufsleben kennzeichnend ist, können fast alle dieser sogenannten *Jungen Alten* eine solide wirtschaftliche Absicherung vorweisen (vgl. Schenk 2005, S.26f.). Das Ende des Berufslebens geht mit Freiheit von Erwerb und einem daraus resultierenden Rollenverlust einher. Dadurch kann es jedoch auch zu Problemen im Selbstbild kommen. Gerade in Deutschland definieren wir uns sehr durch unseren beruflichen Status. Sobald dieser wegfällt entsteht ein Gefühl der Leere, welche es neu zu besetzen gilt (vgl. ebd.). Durch diese „Entwurzelung" kommt es zu Rollenunsicherheit und es entsteht, ähnlich wie in der Pubertät, die Chance zur Selbstverwirklichung auf. In Zusammenhang mit den, unter dem Abschnitt zur *Lebenslaufperspektive* bereits beschriebenen normativen Wertesystemen, müssen den Neu-RentnerInnen Optionen zur Verfügung gestellt werden, die ihnen kulturelle, soziale sowie politische Partizipation ermöglichen (vgl. Haefker & Tielking 2017, S.44). Um die entstandene Lücke zu füllen, arbeiten daher viele SeniorInnen bis über den Renteneintritt hinaus, obwohl dies aus finanzieller Sicht meist nicht nötig wäre. Einige der *Jungen Alten* widmen sich zudem einer "sinnhaften" Tätigkeit, wie beispielsweise einem Ehrenamt (vgl. Schenk 2005, S.26ff.).

Hohes Alter mit verstärkter Fragilität (slow goes) oder Alte im Übergang kennzeichnen sich durch das Eintreten erster körperlicher Defizite. Sowohl Mängel in den Bereichen Sehen und Hören, als auch erste Mobilitätsproblematiken setzen häufig erst im hohen Lebensalter ein. Leichte, temporäre unterstützende Tätigkeiten von Angehörigen und Barrierefreiheit sind in dieser Phase oftmals entscheidend, um den Alltag in der eigenen Häuslichkeit weiterhin möglichst uneingeschränkt zu meistern. Die *„Alten im Übergang"*, wie Schenk sie bezeichnet, sind zwischen 80 und 85 Jahre alt (vgl. Schenk 2005, S.23). Aufgrund zunehmender physischer Einschränkungen kann gewohnten Aufgaben und Pflichten zum Teil, nicht mehr nachgegangen werden (vgl. Göckenjan 2010, S.408).

Abhängiges Alter und Lebensende (no-goes) oder Hochaltrige ist nach den AutorInnen die dritte und letzte Phase des Lebens. Nicht zwangsläufig geht Altern auch mit einem steigenden Pflegebedarf einher, jedoch steigt die Wahrscheinlichkeit dafür an. Besonders in dieser Altersphase, die nicht zu Unrecht auch als *abhängiges Alter* bezeichnet wird, treten neben körperlichen auch vermehrt kognitive Defizite auf. Im Durchschnitt sind die Lebensjahre über 80 gekennzeichnet von Krankheit, kognitiv zunehmender Einschränkung und Multimorbidität (vgl. Feddersen & Lüdtke 2011, S.13). Die Biografien der sogenannten *Hochaltrigen* sind jedoch individuell und hängen nicht zuletzt von genetischen, gesellschaftlichen sowie kulturellen Faktoren, dem sozialen Umfeld oder auch dem bisherigen Lebenslauf, samt etwaigen einschneidenden Ereignissen (z.B. Tod des Lebenspartners oder eigene schwere Krankheit) zusammen (vgl. Schenk 2005, S.32ff.). Durch die sich stark unterscheidenden Lebensläufe ergibt sich eine hohe Diversität des Alters. Damit einhergehend ergeben sich auch verschiedene Ansprüche an das Wohnen im Alter (vgl. Eberle 2013, S.88).

Die Einteilung von Schenk und Eberle zeigt lediglich die groben Phasen des Älterwerdens. Amerikanische GerontologInnen fanden jedoch heraus, dass nicht das tatsächliche Alter, sondern das „subjektiv empfundene" Alter als Indikator zur Alterseinteilung gewählt werden sollte. Dementsprechend seien der subjektiv empfundene Altersstand, samt körperlichen und seelischen Zustand, zur Einteilung treffender als das tatsächliche Alter (vgl. Schenk 2005, S.18). Demzufolge sind Personen, die sich jünger fühlen, mit ihrem bisherigen Leben zufriedener und sehen die Zukunft allgemein positiver.

3.3 Kalendarisches Alter

Anders als die vorherige Definition orientiert sich beispielsweise die *World Health Organization* (WHO 2004) nicht am biologischen Alter, sondern definiert rein anhand kalendarischer Altersgrenzen:

- Alternde Menschen: 50-60 Jahre

- Ältere Menschen: 61-75 Jahre

- Alte Menschen: 76-90 Jahre

- Sehr alte Menschen: 91-100 Jahre

- Langlebige Menschen: Über 100 Jahre

Jedoch kann die sozial konstituierte kalendarische Definition, die strikt nach Altersjahren unterteilt, der Heterogenität des Alters nicht gerecht werden, da qualitative Beurteilungskriterien fehlen (vgl. Walter et al. 2006, S.40 f.). Um eine Aussage darüber treffen zu können, muss stets eine Vielzahl ergänzender biologischer, sozialer, ökonomischer, ökologischer und biographischer Faktoren miteinbezogen werden, denn auch der Beginn des biologischen Alterungsprozesses und dessen Fortschreiten ist höchst individuell. Altern muss folglich als ein mehrdimensionaler Prozess begriffen werden, der neben Verlusten und Defiziten auch einen Zugewinn an positiven Aspekten mit sich bringt. Lediglich durch eine ganzheitliche Betrachtung ist es möglich, die Potenziale im Alter in seiner ganzen Fülle wahrzunehmen (vgl. ebd., S.42).

3.4 Stufenmodell der Entwicklungsphasen nach Erikson

Der deutsch-amerikanische Psychoanalytiker Erik H. Erikson veröffentlichte 1950 ein Modell, welches sich mit der Entwicklung der Ich-Identität in der psychosozialen Lebensgeschichte befasst. Dieses Modell ist vor allem wegen seinem Bezug zur Inklusion und den Partizipationschancen älterer Personen Bestandteil dieser Arbeit.

Das Stufenmodell unterteilt die menschliche Entwicklung in acht Phasen, beginnend mit dem ersten Lebensjahr bis hin zum reifen Lebensalter. Dabei setzt er die Bedürfnisse eines Individuums mit den sich permanent verändernden Anforderungen der sozialen Umwelt in Bezug (vgl. Haefker & Tielking 2017, S.47.). Das für diese Arbeit relevante Stadium ist die achte Phase, die Erikson als Phase des reifen Erwachsenenalters bzw. als „Ich-Integrität vs. Verzweiflung" bezeichnet.

Mit dem Begriff „Ich-Integrität" beschreibt der Psychoanalytiker die Fähigkeit sein eigenes Leben zu reflektieren. Das bedeutet nicht nur, dass sich SeniorInnen ihrer selbst bewusst sind, sondern es auch eigener Gestaltung bedarf, um Teilhabe am gesellschaftlichen Leben zu erlangen (vgl. ebd.). Außerdem soll sich der Mensch in dieser letzten aktiven Bewältigungsphase mit bevorstehenden Ereignissen wie dem persönlichen Abbau und dem Tod auseinandersetzen.

Der *Ich*-Integrität steht im Modell ein gewisses Maß an *„Verzweiflung"* gegenüber. Nur nach erfolgreicher Reflexion des eigenen Selbst (Integrität) gelingt SeniorInnen der Umgang mit den eigenen Defiziten und den folgenden Lebensereignissen. Glückt dieser Entwicklungsschritt nicht, entsteht ein hohes Maß an *„Verzweiflung"*, was die Identität der älteren Personen negativ beeinflusst (vgl. ebd.).

3.5 Alter(n) nach der Lebenslaufperspektive

Je nach Lebensphase hat der Mensch unterschiedliche Entwicklungsaufgaben zu meistern. Mit den Aufgaben gehen unterschiedliche Handlungs- und Rollenerwartungen einher. Den Rahmen dafür setzen normativ-gesellschaftliche Regelsysteme und Entscheidungen der Sozialpolitik (z.B. Übergang in den Ruhestand) (vgl. Haefker & Tielking 2017, S.44f.). Die moderne Leistungsgesellschaft orientiert sich an einem Selbstverständnis, das sehr von Kompetenz, Leistung und Produktivität geprägt ist (vgl. Schenk 2005, S.204). Menschen definieren sich in erster Linie über die Erwerbstätigkeit und ihre berufliche Stellung. Wenig überraschend erscheint es daher, dass auch sozialpolitische Definitionen „alt sein" oft am Renteneintrittsalter festmachen (vgl. Walter et al. 2006, S.40). In Folge dessen gilt jemand, der beruflich keine Leistung mehr erbringt und nicht mehr produktiv ist, als alt. Doch das Paradoxe an dieser Definition liegt auf der Hand: Demzufolge würde ein 45-jähriger Frührentner von der Gesellschaft in ähnlicher Weise als alt bezeichnet wie ein 77-Jähriger, der noch immer als Selbstständiger arbeitet. Einem solchen Verständnis von „alt sein" folgt unsere Gesellschaft in der Praxis jedoch nicht, denn vor allem durch die Destandardisierung von Lebensläufen kann eine allein erwerbszentrierte Definition längst nicht mehr überzeugen (vgl. Hochheim & Otto, 2011, S.306).

3.6 Definition nach dem Defizitmodell

Betty Friedan vergleicht das Alter metaphorisch mit der Dunkelheit: Ebenso wie im Dunkeln das Licht fehle, fehle beim Alter die Jugend (Friedan 1997 zitiert nach Sittler 2017, S.3). Defizitorientierte Definitionen, die sich nach Verlust und Abwesenheit richten, sind im Alltag am gebräuchlichsten: „Der Mann kann nicht mehr gut hören, weil er schon so alt ist" oder „Unsere Nachbarin, die alte Frau Meier ist ganz einsam zuhause, weil sie nicht mehr laufen kann" sind Aussagen, die wahrscheinlich jeder schon einmal gehört, gedacht oder sogar selbst geäußert hat. Ebendiese, negativ wertenden Bemerkungen werden allerdings problematisch gesehen: Verinnerlichen SeniorInnen diese gesellschaftlich produzierten Zuschreibungen, erscheint es ihnen im Selbstbild als ein persönliches Defizit. Als Fallbeispiel, das immer wieder in dieser Arbeit aufgegriffen wird, soll an dieser Stelle die bereits erwähnte Frau Meier eingeführt werden. Die 73-Jährige wohnt in einem Hochhaus in einer Siedlung stadtauswärts. Durch die obige Aussage besteht die Gefahr, dass Frau Meier ihre tatsächliche Einsamkeit ihrem Alter zuschiebt und verinnerlicht. Sie kapselt sich infolgedessen von der Außenwelt ab, da sie der Annahme ist, aufgrund ihres Alters tatsächlich einsam zu sein oder sein zu müssen. Das Alter wird im Defizitmodell nicht nach dem bewertet, was es ist, sprich nach tatsächlicher Lebenserfahrung, Interessen oder Kompetenzen; sondern rein defizitär nach dem was es nicht ist (vgl. ebd.). Alt sein und werden erscheint der Gesellschaft mit einer solchen Konsequenz als ein nicht erstrebenswerter Zustand.

Tatsächlich ist das höhere Lebensalter durchaus von gesundheitlichen Beeinträchtigungen, Einschränkungen und chronischen Krankheiten gekennzeichnet und geht mit einigen Defiziten einher. Es drohen Verluste, wie der des Lebenspartners, von Mobilität oder gar dem Verlust der Selbstständigkeit (vgl. Walter et al. 2006, S.24ff.). Den Defiziten stehen jedoch auch deutliche Potentiale gegenüber, die mit zunehmendem Alter aufkommen. Diese zeigen sich vor allem durch das hohe Maß an biographisch erworbenem Wissen, welches das Ergebnis von langjährigen Lernprozessen ist (vgl. Mayer & Baltes 1996, S.7f.). Die Wahrnehmung und insbesondere die Nutzung der Potenziale hängt allerdings nicht unerheblich von der „Altersfreundlichkeit" der Gesellschaft ab (vgl. Schenk 2005, S.32f.).

Schenk versucht die defizitorientierte Haltung in seiner Definition zu entschärfen: Er sieht das Altern als einen Entwicklungsprozess, der sowohl mit positiven, als auch mit negativen Erlebnissen einhergeht und mit denen man sich intensiv auseinanderzusetzen hat. Darüber hinaus spricht er sich dafür aus, statt von Lebensstufen, besser von Lebensphasen zu sprechen. Grund dafür ist, dass der Begriff der „Lebenstreppe", die bildlich gesehen entweder nach oben oder nach unten führt, der Vielschichtigkeit des Alter(n)s nicht gerecht wird. Genauer gesagt meint Schenk damit, dass die Treppe im Alter symbolisch mehrheitlich als eine absteigende gesehen wird, die im übertragenen Sinn den Abbau von Ressourcen und Kompetenzen darstellt (vgl. Schenk 2005, S.192). Daher plädiert er für den Begriff von aufeinanderfolgenden Lebensphasen, an denen sich auch nachfolgende Einteilung orientiert.

3.7 Lebensstil-Typen nach Moll

Anders als die vorherigen Definitionen versucht Moll den Altersbegriff anhand verschiedener Alterstypen zu verdeutlichen. Dafür stellt sie in ihrer Arbeit vier unterschiedliche Lebensstil-Typen mittels einer Clusteranalyse dar.

Sie differenziert zwischen den *resignierten Alten*, die ca. 12,5 Prozent der Älteren ausmachen. Diesen Typ kennzeichnet eine neutrale bis negative Einstellung gegenüber dem eigenen Leben. Die Resignierten leben zurückgezogen und bewerten ihren Gesundheitszustand eher negativ. Allerdings fällt bei ihnen sowohl die Akzeptanz als auch die Nachfrage bezüglich Hausnotrufen, „Essen auf Rädern" sowie von stationärer Altenhilfe höher aus als beispielsweise bei den *aktiven Alten*.

Dem *aktiven* Typus entspricht laut Molls Erhebung bundesweit 20,8 Prozent der älteren Bevölkerung. Die Aktiven zeigen ein erlebnisorientiertes Freizeitverhalten, leben häufig in eigenen, großen Häusern oder Wohnungen und legen Wert auf Komfort sowie auf Persönlichkeitswachstum. Durch ihre Aktivität wird ihnen ermöglicht eigene Potenziale voll auszuschöpfen. Nicht zuletzt deshalb erhalten sie ein großes Maß an gesellschaftlicher Teilhabe und können ihre Umgebung selbstbestimmt mitgestalten (vgl. Haefker & Tielking 2017, S.86). Für die Zukunft möchte mehr als die Hälfte dieses Typus im eigenen Haus wohnen bleiben, akzeptiert aber auch Umbauten und externe altersbezogene Dienstleistungen.

Anders denken die *familienorientierten Alten*, welchen laut Moll 31,2 Prozent der Älteren entsprechen. Für sie stehen gute Familienverhältnisse an erster Stelle, weshalb sie im Notfall auch hauptsächlich von ihren Angehörigen versorgt werden möchten. Familienexterner Unterstützung steht diese Gruppe eher kritisch gegenüber.

Die größte Gruppe stellen laut Moll mit 35,5 Prozent die *gemeinschaftsorientierten Alten* dar. Diese zeichnen sich durch ein eher passives Freizeitverhalten aus, welches sich auf Verabredungen mit nahezu ausschließlich Gleichgesinnten beschränkt. Diese Personen sind nach Moll auch diejenigen, die sich für gemeinschaftliche Wohnformen wie z.B. Wohngemeinschaften interessieren (vgl. Moll 2009, S.33f.).

In dieser Arbeit werden unter den „Alten" oder den „älteren Menschen" Personen ab 65 Jahren verstanden. Als „Hochaltrige" oder „Hochbetagte" werden im weiteren Verlauf Personen ab 80 Jahren bezeichnet.

Zusammenfassend lässt sich festhalten, dass weder das kalendarische, noch das biologische Alter alleine für die Altersdefinition ideal sind. Für ein umfassendes Bild müssen stets beide Ansätze, sowie biografische, soziale und lebensweltliche Faktoren mitberücksichtigt werden. Je nach gesellschaftlichen Zuschreibungsmerkmalen, herrscht ein bestimmtes Altersbild vor, das einem dynamischen Wandlungsprozess unterliegt (vgl. Haefker & Tielking 2017, S.49). An ebendiesem Bild orientiert sich, wie das kalendarische bzw. das funktionale Alter von der Gesellschaft gesehen werden. Einig sind sich die AutorInnen darüber, dass das Altern ein sukzessiver Prozess ist, der mit einem Ressourcenverlust auf mehreren Ebenen (physisch, kognitiv, psychisch und sozial) einhergeht (vgl. Wolter 2017, S.64). In den obigen Definitionen wurde bereits kurz auf altersbedingte Verluste eingegangen. Welche individuellen sowie gesamtgesellschaftliche Hürden im Alter außerdem häufig drohen, wird im nächsten Kapitel thematisiert.

3.8 Probleme des Alterns

Wie bereits dargestellt wurde, geht der Alterungsprozess zwar mit vielen Chancen, jedoch auch mit Verlusten einher. Was Alter(n) für den Einzelnen und die Gesellschaft dahingehend bedeutet und welche Problematiken aus den jeweiligen Aspekten resultieren, ist Thema des folgenden Abschnittes.

3.8.1 Persönliche Probleme

Einige der im Alter entstehenden Probleme ergeben sich durch personelle Disharmonien zwischen den individuellen Bedürfnissen und den zur Verfügung stehenden Ressourcen. Aus der, in Abbildung 2 vereinfacht dargestellten Bedürfnispyramide nach Maslow, lassen sich einige der wichtigsten menschlichen Bedürfnisse und die entstehenden alterstypischen Probleme ableiten.

Abbildung 2: Maslow'sche Bedürfnispyramide

Quelle: Eigene Darstellung nach Nuber[2]

---

[2] Nuber, Ursula 1995: Die Wiederentdeckung der Geborgenheit, In Psychologie Heute, 22. Jg. H. 12/1995, S. 22

Physische und psychische Altersbeschwerden

Den zentralen, den sogenannten physiologischen Grundbedürfnissen, die auch bei Maslow als Basis angesiedelt sind (siehe Abb. 2), kann auch in hohem Alter meist noch sehr gut selbstständig nachgegangen werden. Ausgenommen sind jedoch schwer an Demenz erkrankte Personen, die aufgrund ihrer kognitiven Defizite nicht mehr an die grundlegende Bedürfniserfüllung, wie beispielsweise die Nahrungsaufnahme denken. Auch Bettlägerige, die sich nicht selbst versorgen können, können die Grundbedürfnisse aufgrund ihrer schlechten körperlichen Verfassung schlichtweg nicht erfüllen (vgl. Moll 2009, S.35).

Das Bedürfnis *Sicherheit* folgt auf die physiologischen Grundbedürfnisse nicht zufällig an zweiter Stelle (siehe Abb. 2). Durch eine mangelhafte physiologische Bedürfnisstillung kann auch der Wunsch nach Sicherheit nicht mehr zufriedengestellt werden. Im Alter sind oft weder die physische, noch die Versorgungssicherheit ausreichend gewährleistet: Viele ältere Personen sind derart von Krankheit geprägt, dass sie eine Sturzneigung entwickeln, welche wiederum ihre körperliche Sicherheit gefährdet. Grund für eine solche Neigung ist meist, dass der bisherige Wohnraum Hindernisse aufweist, die zuvor nicht als einschränkend wahrgenommen wurden. Durch die zunehmende Multimorbidität, die das Alter mit sich bringt, werden bereits die kleinsten Unebenheiten zu „Stolperfallen". Charakteristisch für die Multimorbidität ist das gleichzeitige Vorliegen mehrerer (mindestens zwei) chronischer Erkrankungen oder Gesundheitsstörungen (vgl. Mahne et al. 2017, S.122). Der Alterssurvey nach berichten derzeit 56 Prozent der 70 bis 85-Jährigen vom gleichzeitigen Vorhandensein von zwei bis vier und weitere 24 Prozent von fünf und mehr Erkrankungen (vgl. ebd.). Doch nicht nur die Einschränkungen des Bewegungsapparates zwingen zu Veränderung, sondern häufig auch der Abbau der Kognition sowie ein erhöhter Pflegebedarf.

Pflegebedürftigkeit

Mit steigendem Alter erhöht sich die Wahrscheinlichkeit an einer fortschreitenden Krankheit des Gehirns wie Demenz oder Alzheimer zu erkranken. Bis 2050 wird sogar eine Verdopplung der an Demenz erkrankten Personen erwartet (vgl. Verhülsdonk & Höft 2017, S.141). Der Abbau von Kognition ist insbesondere für pflegende Angehörige eine schwere Belastung. Vor allem, wenn die Hochaltrigkeit mit Bettlägerig- und Pflegebedürftigkeit einhergeht, wird die Pflege nicht selten zur großen Last und es muss sich nach neuen Wohn- und Pflegeformen umgesehen werden (vgl. Moll 2009, S.35).

Der Begriff der Pflegebedürftigkeit wird im elften Sozialgesetzbuch § 14 SGB XI definiert. Demnach sind Personen pflegebedürftig, sobald sie aufgrund körperlicher, geistiger sowie seelischer Krankheit oder Behinderung bei „Verrichtungen im Ablauf des täglichen Lebens" voraussichtlich dauerhaft, aber mindestens für 6 Monate auf erhebliche Hilfe angewiesen sind (§ 14 SGB XI). Lange wurde das Pflegegesetz dafür kritisiert, dass die Pflegeleistungen nicht gerecht an die Bedürfnisse der „Pflegebedürftigen mit eingeschränkter Alltagskompetenz" gemessen werden. Zum 01.01.2017 kam mit dem *Pflegestärkungsgesetz II* die große Pflegestufen-Reform, von der insbesondere Menschen mit kognitiven Defiziten profitieren. Die bis dato geltenden Pflegestufen („0" - 3) wurden in fünf Pflegegrade (1 - 5) umgewandelt. Diese Überleitung ist in §14 SGB XI verankert und ergibt sich, anders als bisher, nicht anhand des benötigten Pflegeaufwandes, sondern durch die noch vorhandene Selbstständigkeit der Pflegebedürftigen. Beurteilt wird durch unabhängige Gutachter des *Medizinischen Dienstes der Krankenversicherungen* (MDK). Sie beurteilen acht Module, zu denen unter anderem Mobilität, Selbstversorgung und außerhäusliche Aktivitäten zählen. Diejenigen, die vom MDK bereits vor dem 01.01.2017 als pflegebedürftig anerkannt wurden, hat die Pflegekasse automatisch, also ohne erneute Begutachtung, anstelle ihrer bisherigen Pflegestufe, den nächsthöheren Pflegegrad zugewiesen (vgl. Bundesministerium für Gesundheit).

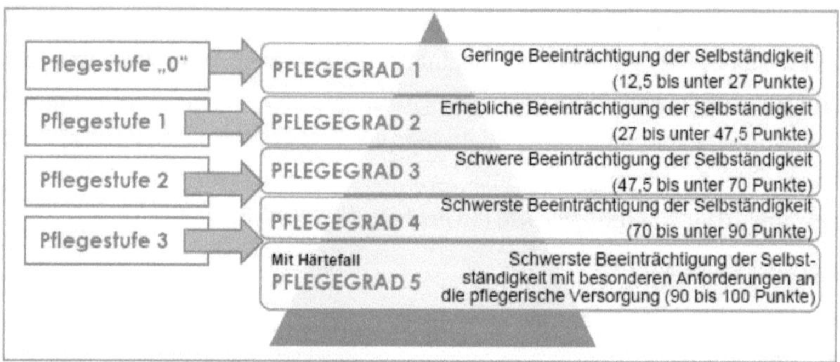

Abbildung 3: Umwandlung von Pflegestufen in Pflegegrade

Quelle: Eigene Darstellung nach pflege.de[3]

---

[3] https://www.pflege.de/pflegekasse-pflegerecht/pflegegrade/ [Stand 09.10.2017]

Der Gesundheitszustand ist ein zentraler Aspekt der die Qualität unseres Alltags in hohem Maß mitbestimmt. Mit zunehmendem Alter jedoch erhält dieser Faktor einen nochmal bedeutsameren Stellenwert, da dadurch Lebens- und Partizipationsveränderungen beeinflusst werden. In Hinblick auf Inklusion ist zudem festzuhalten, dass sich die Aktivität sowie Chancen auf Partizipation durch schlechtes Allgemeinbefinden oder gar Pflegebedürftigkeit deutlich verringern (vgl. Haefker & Tielking 2017, S.66).

Veränderte Familienstrukturen

Der Wunsch nach mehr Geselligkeit und die Angst vor Vereinsamung zählen mit zu den häufigsten Gründen für einen Umzug im Alter (vgl. Narten 2005, S.374). Die veränderte, destabilisierte Familienstruktur versetzt insbesondere alleinlebenden pflegebedürftigen Personen in Sorge, denn die Angehörigenpflege ist aus verschiedenen Gründen rückläufig (vgl. Berner, Mahne, Wolff & Tesch-Römer 2017, S.382). Diese Entwicklung ist vor allem der abnehmenden Geburtenrate, den steigenden Scheidungsraten sowie der hohen Frauenerwerbsquote geschuldet. Darüber hinaus leben die Generationen immer häufiger beziehungslos nebeneinanderher oder haben nur sporadischen Kontakt (vgl. Schenk 2005, S.81). Dabei können Telefonate oder Textnachrichten die menschliche Nähe längst nicht ersetzen. Doch selbst wenn ein intensiver Kontakt zu den eigenen Kindern besteht, verbringen diese den Großteil ihrer Zeit im eigenen Berufsleben. Häufig wohnen sie obendrein deutschland- oder gar weltweit verstreut (vgl. Heinze 2017, S.217). Wegen der finanziellen Mehrbelastung, die durch den nicht mehr leistbaren Generationenvertrag entsteht, muss die junge Generation bereits jetzt mehr arbeiten, um sich selbst sowie ihre eigene Familie zu versorgen und gegebenenfalls die Pflege der Eltern stemmen zu können. Nicht selten werden deswegen mehrere Arbeitsstellen parallel angenommen. Das bedeutet für die Älteren, auch wenn die Kinder in der Nähe leben, zwangsläufig mehr Zeit allein.

Ebenfalls gewandelt hat sich die Generation der Enkelkinder. Sie entfallen ebenso oftmals als informelle Pflegepersonen, da sie entweder direkt nach dem Schulabschluss eine Ausbildung oder ein Studium antreten. Dementsprechend sinkt das innerfamiliäre Unterstützungspotenzial weiter ab, da auch ihnen die Zeit für regelmäßige Unterstützung der Großeltern fehlt (vgl. Heinze 2017, S.217). Dabei macht gerade der Kontakt zu den Kindern und Enkeln für einige der Generation über 65 Jahre den Alltag lebenswerter (vgl. Opaschowsky, 1998, S.62).

Sofern ältere Personen allein leben, vor allem nach dem Versterben des Partners, droht nicht nur die Angehörigenpflege komplett zu entfallen, sondern auch eine Altersvereinsamung. Die sozialen Bedürfnisse, die die dritte Stufe der Bedürfnispyramide (Abb. 2) darstellen, kommen zu kurz. Partizipation, die Kommunikation mit anderen Menschen und eine gute Vertrauensbeziehung sind wesentliche Aspekte für die Aufrechterhaltung der Selbstständigkeit im Alter. Daher werden Freundschaften im Alter wieder wichtiger und werden mehr geschätzt als in den Jahren zuvor (vgl. Schenk 2005, S.96 f.). Laut der *Generali Altersstudie 2017* bauen 53 Prozent der 65- bis 85-Jährigen, insbesondere Kinderlose, bei Problemen auf die Unterstützung von guten Freunden (vgl. Heinze 2017, S.217).

Soziale Aktivität und Teilhabe

Wie zuvor bereits angedeutet nimmt der Aktionsradius im Alter ab. Aufgrund von gesundheitlichen Einschränkungen, gesteigerter Unsicherheit oder gar Angst wird mehr Zeit in den eigenen vier Wänden verbracht. Dadurch verringern sich insbesondere die außerhäuslichen Aktivitäten und die Anzahl der sozialen Kontakte sinkt. Dabei nehmen ausgerechnet diese im Alter einen höheren Stellenwert ein. Oftmals müssen zudem Hobbys aufgegeben werden. Grund dafür ist nicht zuletzt auch die mangelnde Mobilität: Viele können oder dürfen nicht mehr Auto fahren. Häufig fehlt eine angemessene Anbindung an öffentliche Verkehrsmittel komplett oder ist nicht altersgerecht. Für viele SeniorInnen ist ein Monatsticket für den Bus nicht erschwinglich. Es drohen Einsamkeit und Isolation (vgl. Wolter 2017, S.64).

Maier weist auf geschlechtsspezifische Unterschiede bei den freundschaftlichen Beziehungen hin. Männer haben demgemäß in jeder Lebensphase einen kleineren Freundeskreis als Frauen. Weiterhin beruhen Männerfreundschaften demnach tendenziell eher auf gemeinsamen Interessen, wohingegen Freundschaften zwischen Frauen stärker von einer kommunikativ-emotionalen Grundlage geprägt sind (vgl. Maier 2008, S.226ff.).

An dieser Stelle soll das Fallbeispiel wieder aufgegriffen werden: Frau Meier und ihre Nachbarinnen sind seit Jahren eine eingeschworene Truppe. Die Frauen treffen sich täglich zu einem Spaziergang, um die Neuigkeiten aus der Siedlung auszutauschen. Frau Meier, die nach einem Oberschenkelhalsbruch mehrere Wochen im Krankenhaus und auf Reha verbracht hat, konnte in dieser Zeit nicht an den Spaziergängen teilnehmen. Keiner ihrer Nachbarinnen hat sie dort besucht. Wieder zuhause angekommen verbringt Frau Meier immer mehr Zeit allein zuhause, da sie das Gefühl hat kein Teil der Gruppe mehr zu sein. Das Beispiel von Frau Meier verdeutlicht, dass sich durch aufkommende Hilfs- oder Pflegebedürftigkeit die Inklusion von SeniorInnen schwieriger gestaltet.

Inklusion beschreibt einen dauerhaften gesellschaftlichen Zustand, in welchem jeder Mensch mit seinen individuellen Merkmalen akzeptiert wird. Unabhängig von Geschlecht, Alter, Herkunft, Bildung oder eventuellen Behinderungen hat jeder das Recht die Gesellschaft gleichberechtigt und selbstbestimmt mitzugestalten und an ihr teilzuhaben (vgl. Böttinger 2016, S. 18ff.). Die Möglichkeiten sich sowohl passiv konsumierend, als auch aktiv gestaltend an gesellschaftlichen Vorgängen zu beteiligen, sinken im Alter ab. Beteiligung, Mitwirkung und auch Teilhabe gelten in diesem Zusammenhang als Synonyme zum Begriff der Partizipation. Diese tritt dann ein, wenn Individuen aktiv an allen, das Zusammenleben betreffenden Ereignissen, beteiligt werden. Durch diese Voraussetzung wird es Individuen ermöglicht mitzubestimmen und zur Verbesserung des Gemeinwohls zu entscheiden (vgl. Haefker & Tielking 2017, S.82ff.). Nichtsdestotrotz beeinflussen der eigene Gesundheitszustand und der politische Rahmen die individuelle Nutzung von Partizipationsmöglichkeiten (vgl. ebd. S.86). Auch die Erfüllung des in der Maslow'schen Pyramide (Abb. 2) am höchsten gestellten Bedürfnisses nach Selbstverwirklichung ist durch schrumpfende Aktivität nicht mehr möglich.

Finanzielle Probleme

Die steigende Altersarmut wird erst seit geraumer Zeit wieder verstärkt in den Medien thematisiert. Aufgrund der demografischen Entwicklung und zur Sicherung finanzieller Grundlagen wurde das gesetzliche Renteneintrittalter angehoben. Dadurch werden zwar der Staat und die kommenden Generationen (zum Teil) entlastet, für die zukünftigen RentnerInnen deutet sich allerdings ein finanzielles Problem an, da die Rentenkassen zunehmend erschöpft sind (vgl. Berner, Mahne, Wolff & Tesch-Römer 2017, S.381). 2011 lag das deutsche Äquivalenzeinkommen der 65- bis 85- Jährigen bei durchschnittlich 1.700 Euro pro Monat, wobei es bei Frauen generell weniger betrug als bei Männern (vgl. Schelisch 2016, S.30). Mit durchschnittlichen 1.800 Euro pro Monat liegt der Wert der Gesamtbevölkerung etwas darüber (vgl. Statistisches Bundesamt 2012, S.23). Für die Jahre danach liegen noch keine validen Daten vor. Als armutsgefährdet gilt, wer weniger als 60 Prozent des mittleren Einkommens der Bevölkerung zur Verfügung hat. Die Gründe für die vermutlich weiter zunehmende Altersarmut liegen vor allem im Wandel des Arbeitsmarktes der vergangenen zwei Jahrzehnte: Atypische Erwerbsbiographien und prekäre Arbeitsverhältnisse mit befristeten Verträgen,

Niedriglöhne, Teilzeitarbeit oder gar Unterbrechungen der Erwerbstätigkeit lassen die Altersarmutsquote laut einer Studie der *Bertelsmann Stiftung* von etwa 16 Prozent (2015 bis 2020) auf 25 Prozent (2030er Jahre) steigen (vgl. Bertelsmann Stiftung 2017, S.7). Auch das Niveau der Rentenleistungen sinkt ab und bestimmten Risikogruppen, die vor allem Personen niedriger Bildung, Alleinerziehende und Personen mit Migrationshintergrund umfassen, droht ein Leben an oder sogar unterhalb der Grundsicherung. Naheliegend also, dass sich jede neunte, bereits berentete Person weiterhin mit 15 Stunden pro Woche am Arbeitsleben beteiligt, um den eigenen Lebensunterhalt zu sichern (vgl. Schelisch 2016, S.31). Denn mit einer fehlenden Grundsicherung gehen nicht nur gesundheitliche Risiken, wie eine höhere Wahrscheinlichkeit für Erkrankungen und eine geringere Lebenserwartung einher, sondern auch eine höhere Wahrscheinlichkeit für soziale Exklusion (vgl. Wolter 2017, S.65). Wenn im Alter bereits das Geld zur Bestreitung des Lebensunterhaltes fehlt, wie soll dann Hobbys nachgegangen oder eine professionelle pflegerische Unterstützung finanziert werden können? Besonders problematisch ist das für Personen mit hoher Morbidität. Sie sind noch stärker vom Ausschluss aus gesellschaftlichen Aktivitäten bedroht, da diese ihr Leben häufig nicht mehr (in vollem Umfang) selbstständig bewältigen können (vgl. ebd.). Um Inklusion zu realisieren sind sie vollständig auf die Bereitstellung bedarfsgerechter Angebote angewiesen. Es wird deutlich, dass die Teilhabe in einigen Fällen nicht vom Einzelnen, sondern von den gesamtgesellschaftlichen Gegebenheiten abhängig ist (ebd.).

3.8.2 Gesamtgesellschaftliche Probleme

In den Statistiken ist die Altersverschiebung deutlich sichtbar, die Zahl der über 80- Jährigen steigt stark an. Doch damit ergeben sich für die Gesamtbevölkerung nicht nur Chancen, sondern auch eine ganze Reihe von Problemen. Die Ausarbeitung des *Robert Koch Instituts* (2015) zeigt, dass die sozialen Systeme zu kollabieren drohen: Durch den Mangel an Erwerbstätigen ist dementsprechend auch ein Defizit an Steuereinnahmen zu verzeichnen. Die geburtenstarken Jahrgänge aus den 60ern und 70ern kommen ebenfalls allmählich in das Rentenalter, was zusätzlich einen gesteigerten Bedarf an sozialen Leistungen (z.B. Rente, Pflegeleistung) hervorruft. Dem gegenüber steht eine geringe Geburtenzahl, welche künftig eine enorme Überbelastung der mittleren Generation erahnen lässt (vgl. ebd. S.435ff.). Dies wiederum hat Auswirkungen auf die Wirtschaft , denn bereits jetzt fehlen Fachkräfte in nahezu allen Branchen, besonders im aufsteigenden Sektor „Pflege". Dadurch ergibt sich bereits heute ein Versorgungsproblem, das vom Staat durch das Motto „ambulant vor stationär" zu entschärfen versucht wird (vgl. Reindl & Kreuz 2007, S.8). Das bedeutet, dass verstärkt ambulante Pflegedienste eingesetzt werden, um die stationären Einrichtungen und auch die mittlere Generation bei den Pflegeaufgaben zu entlasten. Die sozialen Systeme stehen vor einer ungeahnten Krise: Sowohl den BürgerInnen, als auch dem Staat wird künftig weniger Geld zur Verfügung stehen, da dies in die Aufrechterhaltung der Sozialsysteme fließen wird.

Hinzu kommt, dass die Zahl von Alleinstehenden SeniorInnen und Ein-Personen-Haushalten zunehmen wird – ebenso wie die Anzahl von älteren Menschen mit Migrationshintergrund. Vor allem im Bereich der Pflege wird es daher neue Herausforderungen zu bewältigen geben: Jede/r BewohnerIn der Pflegeeinrichtung bringt seine eigene Lebensart mit. In Zeiten der Flüchtlingskrise heißt das auch, dass ältere und pflegebedürftige Personen mit Migrationshintergrund eigene kulturbedingte Wertvorstellungen miteinbringen und trotz unzureichenden Sprachkenntnissen stationär versorgt werden wollen. Das stellt die Pflegekräfte vor zusätzliche Hindernisse (vgl. Schenk 2005, S.54ff.). Mangelnde Sprachkenntnisse können auch dazu führen, dass potenzielle Unterstützungsleistungen gar nicht erst wahrgenommen oder nicht verstanden werden (vgl. Wolter 2017, S.65). Der Bereich Wohnen wird sich ebenfalls einem Wandel unterziehen (müssen), um das vorrangige Ziel der Alterspolitik, die Schaffung von Voraussetzungen, damit ältere Menschen möglichst lange selbstbestimmt im eigenen Zuhause wohnen bleiben können, erfüllt werden kann.

4 Wohnen – Begriffsdefinition

Ein sicherer und gemütlicher Platz, an dem wir uns wohl und zuhause fühlen, das ist was wir brauchen, um eine gute Lebensqualität zu erreichen. Auch ein Teil der persönlichen Identität wird durch unsere Wohnsituation geschaffen. Im Alter verbringen wir mehr Zeit in den eigenen vier Wänden und das Wohnen wird immer wichtiger. Doch die Ansprüche an das eigene Zuhause ändern sich mit der Zeit (vgl. Kruse 2013, S.26). Wohnen – Ein simples Wort, welches ohne großes Nachzudenken mehrmals am Tag benutzt wird. Doch was macht „das Wohnen" aus? Wie umfassend der Begriff *Wohnen* definiert ist und welche Funktionen eine Wohnung innehat, wird in diesem Kapitel näher erläutert.

4.1 Räumliche Definition

Gemäß dem Bewertungsgesetz § 181 Art. 9 BewG wird unter einer Wohnung (althochdeutsch wonên: „zufrieden sein", „bleiben") eine räumlich abgetrennte und abschließbare Mehrheit von Räumen verstanden, die so beschaffen sein muss, dass die Führung eines selbständigen Haushalts ermöglicht wird. Des Weiteren muss, um von einer Wohnung sprechen zu können, eine Wohnfläche von mindestens 23 Quadratmeter vorhanden sein, in der eine Küche und ein Bad samt Toilette sowie Dusche vorhanden sind (§ 181 BewG).

Auch nach Eva Schmids Auslegung wird das Wohnen in erster Linie räumlich gesehen. Darüber hinaus geht sie bereits auf die individuellen Bedürfnisse des Einzelnen ein: *„Eine Höhle, ein Zelt, eine Hütte, ein Haus, eine Burg, ein Schloss – eine Etage oder auch ein Wohnwagen: alles das kann Wohnung sein. (...) Die Wohnung, das ist ein Behältnis, ein Zueinander aus Wänden, die in sich einen winzigen Teil des unendlichen Raumes einhegen, bergen, eine Art architektonisches Gewandes, dessen Maße und Zuschnitt den jeweiligen Bedürfnissen entsprechen müssen, wenn die Wohnung wirklich >passen< soll"* (Schmid 1960, S.9ff.). Schmid zeigt auf, dass „wohnen" weit mehr bedeutet, als nur ein Dach über dem Kopf zu haben. Denn das Wohnen selbst sowie die persönliche Sicherheit innerhalb der eigenen Wohnung zählen zu den menschlichen Grundbedürfnissen und stellen ein wesentliches Element zur physischen Existenzsicherung dar.

4.2 Wohnen als Existenzsicherung

Im vorherigen Kapitel unter 2.8 wurde bereits die Bedürfnispyramide von Maslow dargestellt. Anhand dieser wurde gezeigt, dass Sicherheit, soziale Kontakte und Selbstverwirklichung zentrale Werte für den Menschen darstellen. Diese Bedürfnisse werden im Wohnen vereint und sind besonders im Alter von wesentlicher Bedeutung in Bezug auf Lebenszufriedenheit und Lebensqualität.

Im Wohnen kann der Mensch sich selbst verwirklichen. „Zeig mir, wie du baust/wohnst und ich sag dir, wer du bist"– mit dieser bekannten Aussage hatte Morgenstern (1922) nicht Unrecht, denn die Wohnung ist durchaus der Spiegel unserer Persönlichkeit (vgl. Moll 2009, S.21f.).

In Bezug auf die Existenzsicherung erscheint die Definition der *Weltgesundheitsorganisation* (WHO), die Wohnen als „die Verbindung von Wohnunterkunft, Zuhause, unmittelbarem Wohnumfeld und Nachbarschaft" umschreibt, äußerst passend (WHO 2004). Durch diese Definition wird der zuvor genannte Aspekt verdeutlicht, dass eine Wohnung Menschen in erster Linie als Lebensmittelpunkt, Kraftquelle und Zufluchtsstätte dient. Unser Zuhause ist damit Rückzugsort, Wohlfühloase und ein geschütztes Umfeld zugleich, in welchem wir Grenzen und Fähigkeiten austesten können.

Die *WHO* geht in ihrer Begriffserklärung über den eigenen Wohnraum hinaus, denn sie thematisiert auch das Umfeld der Wohnung. Zu dieser sozialräumlichen Wohnumwelt zählen, neben der Lage auch landschaftliche und städtebaulichen Qualitäten, sowie die Anbindung an die Infrastruktur (vgl. WHO 2004). Zudem lässt sich aus der Definition der *WHO* ableiten, dass das Wohnen soziale Teilhabe und Interaktionsmöglichkeiten miteinschließt. Da die Partizipation im Bereich des Wohnens einen zentralen Stellenwert dieser Arbeit einnimmt, wird darauf im Folgenden genauer eingegangen.

4.3 Wohnen als Teilhabe

Betrachtet man die gesellschaftliche Bedeutung des Wohnens stellt man fest, dass diese weit über individuelle Aspekte hinausgeht. Die obige Definition der *WHO* zeigt dahingehend, dass Wohnen auch als eine Form sozialer Interaktion bewertet werden kann (vgl. WHO 2004). Für das Wohnen lassen sich zahlreiche unterschiedliche Funktionen ausmachen. Das Wohnen ist Schnittstelle zwischen den Bereichen Gesundheit, Partizipation, Fürsorge und Lebenszufriedenheit. Partizipation bedeutet Beteiligung an „der Gestaltung von sozialen Zusammenhängen und an der Erledigung gemeinschaftlicher Aufgaben" (Wurtzbacher 2011, S.634).

Die soziodemographischen Gegebenheiten des Wohnumfeldes bestimmen die Lebenszufriedenheit älterer Menschen maßgeblich mit. Der Wohnungsstandort stellt aufgrund des abnehmenden Aktionsradius einen entscheidenden Faktor für die Einbindung in soziale Beziehungen dar und müssen dementsprechende Chancen zu Teilhabe bieten (vgl. Kofner 2004). Ist beispielsweise keine Anbindung an den Nahverkehr vorhanden, wird den SeniorInnen möglicherweise die Option genommen, zum nächstgelegenen Sport- oder Kulturverein zu gelangen.

Das Wohnen ist ein elementarer Baustein für Teilhabe am gesellschaftlichen Leben (Inklusion) und wird vor allem wegen den aufkommenden Altersproblematiken zum Ausgangspunkt für jegliche Formen der Teilhabe. Ein sicheres und bequemes Wohnumfeld wird nicht nur zum unerlässlichen Lebensmittelpunkt, sondern dient als Grundlage für den Austausch mit anderen (z.B. Nachbarschaft). Allen Menschen muss ermöglicht werden am Alltagsleben des eigenen Hauses, der eigenen Siedlung, des Quartiers und auch des gesamten Wohnorts teilzunehmen. Menschen mit den unterschiedlichsten Bedürfnissen und Lebenssituationen sollen durch entsprechende Architektur (u.a. Barrierefreiheit), fürsorgliche Nachbarschaft sowie Unterstützungsmöglichkeiten die Chance auf ein Wohnen mit ausreichend Fläche für Kommunikation, Sicherheit, Wohlfühlcharakter und Gleichberechtigung erhalten. Gesellschaftliches Ziel muss die umfassende Inklusion, sprich der vollständige Einschluss in zentrale Orte, Netze und Systeme der Gesellschaft sein.

Durch körperliche und psychische Veränderungen, die das Alter mit sich bringt, verbringen ältere Personen rund 90 Prozent des Tages in ihren Wohnungen (vgl. Lerch 2011, S.10). Die Freizeitaktivitäten orientieren sich daher vermehrt innerhäuslich (Kruse 2013, S.26). Um die für sich beste Wohnform im Alter zu wählen, ist es wichtig seine eigenen Bedürfnisse zu erkennen und seine gesundheitlichen Grenzen zu akzeptieren (vgl. Reindl & Kreuz 2007, S.11). Neben der gesundheitlichen Situation spielen zudem Einkommen, Bildung sowie die Verfügbarkeit von Fortbewegungsmitteln (durch die abnehmende Mobilität allen voran die eines PKWs) eine Rolle, um zu weiter entfernten „sozialen Bezugsräumen" zu gelangen (vgl. Voges & Zinke 2010, S.305).

Im Alter nimmt das Netz an vertrauten sozialen Kontakten aufgrund der körperlichen Defizite und gesunkenen Mobilität häufig ab (vgl. Wolter 2017, S.64). Doch

Inklusion erfordert nicht zwangsläufig ein großes Netz an Kontakten. Unabdingbar ist jedoch ein intaktes soziales Netz mit verlässlichen Vertrauenspersonen. Darunter fallen vorrangig HelferInnen aus der eigenen Familie sowie teilweise auch nachbarschaftliche und freundschaftliche Unterstützung.

Darüber hinaus kann die Übernahme gesellschaftlicher Funktionen, wie beispielsweise einer ehrenamtlichen Tätigkeit, zum Erhalt der vorhandenen Fähigkeiten beitragen (vgl. Walter et al. 2006, S.34). Generell lässt sich festhalten, dass, sobald Inklusion als sozialpolitisches (Wohn-)konzept erfolgreich umgesetzt wird, separierende Einrichtungen (z.B. Seniorendörfer) nicht mehr notwendig sind. Grundvoraussetzung für eine gelingende Inklusion ist jedoch, dass jedem Einzelnen von vornherein und ohne Einschränkungen ermöglicht wird überall teilhaben zu dürfen („drinnen zu sein"). Inwieweit diese Voraussetzungen in den verschiedenen Wohnformen vorherrschen wird im Folgenden thematisiert.

5 Wohnformen für das Wohnen im Alter

Der Großteil der Menschen hat den Wunsch ihren Lebensabend so lange wie möglich zu Hause zu verbringen (vgl. Haefker & Tielking 2017, S, 92f.). Grund dafür ist in erster Linie, dass die gewohnte Umgebung mit den vertrauten Strukturen ein gewisses Maß an Selbstbestimmung, Sicherheit und Schutz verleiht. Allerdings planen die meisten Menschen beim Bau des Eigenheims nicht weit genug voraus. Mit steigendem Alter gehen auch körperliche Einschränkungen einher, die das Alltagsleben nach und nach beschwerlicher werden lassen. In der *Generali Altersstudie* wird aufgezeigt, dass die Wohnverhältnisse vieler älterer Personen den altersbedingten Einschränkungen nicht gerecht werden (vgl. Generali 2017, S.204). Deshalb werden an dieser Stelle verschiedene Möglichkeiten vorgestellt, wie das Wohnen in den eigenen vier Wänden, auch mit zunehmenden Einschränkungen, gelingen kann.

5.1 Universal Design – Universelles Design

Der demografische Wandel hat nicht nur eine Verschiebung der Altersstruktur zur Folge, sondern auch die Verfügbarkeit und die Nutzung von Wohnraum wandelt sich. Da die meisten Wohnungen für die Bedürfnisse junger Menschen ausgerichtet sind, tun sich vor allem ältere Personen schwer, ein neues, seniorengerechtes Altersdomizil zu finden.

Um Wohnraum per se für jedermann nutzbar zu machen und um Chancengleichheit sowie gesellschaftliche Teilhabe zu unterstützen, hat sich aus Bürgerrechtsbewegungen heraus das Konzept des „universal design" entwickelt (vgl. Tauke 2011, S.9f.).

Das Konzept steht im Einklang mit den „Grundsätzen für ältere Menschen" der *UNO.* Es bietet nicht nur Sicherheit und Schutz, sondern eröffnet zugleich Chancen für eine verbesserte Gesundheitspflege, da auch die Inneneinrichtung mit Informationssystemen und Produkten ausgestattet ist, die unabhängig von Alter und körperlichen Einschränkungen vorhanden sind (vgl. ebd., S.10). Dadurch, dass nicht nur die physischen Aspekte der zukünftigen BewohnerIn, sondern auch die sensorischen und kognitiven Fähigkeiten berücksichtigt werden, handelt es sich um „integrative Lösungen, die sich, statt zu stigmatisieren, in die gebaute Alltagswelt aller einfügen" (ebd.).

Praktische Beispiele sind flexibele, (höhen-)verstellbare Anrichten, stufenfreie Eingänge, automatische Lichtsteuerung sowie akustische und optische Warnhinweise an Haushaltsgeräten und Rufsystemen. Auch ebenerdige Duschen, die ohnehin bereits als Designelement betrachtet werden, zählen zum *Universellen Design*. Durch dieses Konzept wird allen Altersgruppen das Wohnen erleichtert. Insbesondere den älteren EinwohnerInnen wird dadurch ein längeres selbstständiges Wohnen im eigenen Zuhause ermöglicht.

Aus inklusiver Sicht bietet das *Universelle Design* einer Vielzahl von potenziellen BewohnerInnen Zugang zu Wohnen und Partizipation. Dadurch, dass von vornherein einige zentrale Aspekte in der Architektur und Einrichtung berücksichtigt wurden, bleibt bei älteren Personen die Selbstständigkeit länger erhalten Das führt dazu, dass sie länger in ihrer eigenen Wohnung verbleiben können. Auch die Steigerung der Lebensqualität sowie die Erleichterung des Alltags werden dadurch erzielt. Die Ansätze des Universellen Entwerfens sind derzeit jedoch noch eher Einzellösungen anstatt offener Standard.

5.2 Anpassungsmöglichkeiten für das eigene Zuhause

Eine bedeutende Rolle in der Alternswissenschaft (Gerontologie) spielt die Sturzneigung älterer Personen. In diesem Unterpunkt werden deshalb Möglichkeiten dargestellt, die nicht nur das Sturzrisiko verringern, sondern parallel dazu helfen die Wohn- und Lebensqualität zu steigern. Neben Wohnungsanpassungsmaßnahmen, wie Änderungen an der Einrichtung oder der Einbau technischer Hilfsmittel, werden auch alltagserleichternde Unterstützungsmaßnahmen vorgestellt.

5.2.1 Barrierefreiheit

Mit dem Alter entwickeln sich körperliche Defizite. Diese körperlichen Einschränkungen sind zwar von Behinderungen zu unterscheiden, verlangen allerdings eine ähnliche Gestaltungsaufgabe: Die Schaffung eines Lebensumfeldes, das für alle Menschen gleichermaßen „in der allgemein üblichen Weise", d.h. ohne Spezialgeräte wie Treppenlifte, zugänglich ist und niemanden ausschließt (vgl. Schelisch 2016, S.36f.). Die sogenannte *„Barrierefreiheit"* ermöglicht, durch die Reduktion möglicher Gefahrenstellen, eine langfristigere selbstbestimmte Haushaltsführung ohne fremde Hilfe (vgl. Morsch 2007, S.24).

Folglich ist Barrierefreiheit die Grundvoraussetzung für Sicherheit und macht das Leben für ältere oder hilfsbedürftige Menschen bequemer und leichter (vgl. Blonski 2009, S.15). Barrierefreiheit ist durch das *Deutsche Institut für Normung e.V.* in den DIN 18040 und DIN 18025 geregelt. Demzufolge muss bereits bei der Planung und Errichtung von Neubauten sowie der Instandhaltung eines älteren

Baubestandes auf die Einhaltung der Aspekte für Barrierefreiheit geachtet werden. Eine vollständig barrierefreie Wohnung mitsamt barrierefreiem Wohnumfeld zu errichten ist jedoch schwer umsetzbar, da dies in erster Linie von den individuellen Bedürfnissen der künftigen BewohnerInnen abhängt (vgl. Reindl & Kreuz 2007, S.19f.). Um zu verdeutlichen, was für eine vollständige Barrierefreiheit beachtet werden muss, werden einige Aspekte genannt: Beispielsweise soll der Hauseingang eben und ohne Hindernisse gestaltet sein, möglichst auch mit einem Fahrstuhl im Eingangsbereich des Flurs. In den einzelnen Wohnungen sollten die Türen mindestens so breit sein, dass ein Pflegebett oder ein breiterer Rollstuhl hindurchgeschoben werden kann. Stolperfallen wie Türschwellen oder unebene Böden sind ebenfalls bereits bei der Innenplanung des Hauses zu umgehen. Bei der Einrichtung sollten keine Wege durch Kabel oder Teppiche versperrt werden. Auch individuelle Anpassungen und die Anbringung von Hilfsmitteln, wie Treppenliften, Haltemöglichkeiten oder eine bodengleiche Dusche, können eine große Erleichterung bei Mobilitätseinschränkungen sein. Des Weiteren sollte an rutschfeste Fliesen in Küche und Bad, ausreichende Beleuchtungsmöglichkeiten und Bewegungsflächen für RollstuhlfahrerInnen gedacht werden (vgl. Heinze 2017, S.217).

Die genauen Regelungen für altersgerechtes und barrierefreie Wohnungen sind in den DIN 18025 festgelegt, die in zwei Abschnitte unterteilt sind. Der erste Teil regelt die Anforderungen an rollstuhlgerechte Wohnungen, wohingegen der zweite die Regelungen für alters- und behindertengerechte Wohnungen beinhaltet (vgl. Morsch 2007, S.24). Ebenfalls muss das Wohnumfeld so gestaltet sein, dass alle Einrichtungen des alltäglichen Lebens, d.h. Versorgungszentren, therapeutische Einrichtungen und auch Arztpraxen, ohne Hürden erreicht werden können.

An dieser Stelle stellt sich die Frage aus welchem Grund nicht einfach bereits von vornherein alle Wohnungen barrierefrei gebaut und mit Hilfsmitteln ausgestattet werden. Ein Beispiel aus Hamburg soll zeigen, weshalb sich dies noch nicht als Standard durchgesetzt hat: In einem Hamburger Wohnkomplex wurden alle Wohnungen altersgerecht gebaut und zusätzlich mit den gängigen Hilfsmitteln eingerichtet. Die potenziellen, zum Großteil uneingeschränkten MieterInnen, lehnten die Wohnung überwiegend mit der Begründung ab, nicht tagtäglich vor Augen geführt bekommen zu wollen, auf welche Hilfsmittel sie in ein paar Jahren eventuell angewiesen sein könnten (vgl. Junker 2013, S.142). Dies hatte zur Folge, dass der Träger nahezu alle Wohnungen wieder rückbauen ließ.

Eine barrierefreie Umsetzung ist bei Neubauten meist unproblematischer als bei Bestandswohnungen, da hier Barrierefreiheit - falls überhaupt - nur mit einem deutlichen Mehraufwand umsetzbar ist.

Erweiternd muss ein Blick auf das Umfeld geworfen werden. Damit ist gemeint, dass auch alle öffentlichen Zugänge, sei es zum nächsten Bankautomat, zu Apotheken oder Kirchen, barrierefrei gestaltet sein sollten (vgl. Blonski 2009, S.16). Laut einigen AutorInnen könnte ein großer Teil der Umzüge in stationäre Pflegeeinrichtungen durch eine barrierefreie oder zumindest barrierereduzierte Wohnung verhindert werden (vgl. Berner, Mahne, Wolff & Tesch-Römer 2017, S.388).

Fällt die Entscheidung auf den altersgerechten Umbau, kann eine staatliche Förderung von 6.250 Euro pro Wohneinheit beantragt werden, sofern insgesamt mindestens 2.000 Euro selbst investiert werden (vgl. Kreditanstalt für Wiederaufbau).

5.2.2 Angepasste Wohnungen

Die Sicherheit ist einer der zentralsten Aspekte für die ältere Generation. Insbesondere für Personen die allein leben, sind Anpassungsmaßnahmen äußerst sinnvoll. Zu unterscheiden von den barrierefrei gebauten Wohnungen sind die „angepassten" Wohnungen: Zu einer angepassten Wohnung kann prinzipiell jede Wohnung werden, die nicht bereits beim Bau barrierefrei geplant wurde. Beinahe alle bestehenden, „normalen" Wohnungen können an die Bedürfnisse von hochbetagten und behinderten Menschen angepasst werden. Das umfasst beispielsweise den Umbau von hohen Badewanneneinstiegen zu einer ebenerdigen Duschgelegenheit, die Beseitigung von Stolperfallen wie Türschwellen oder auch den Umbau ganzer Küchen auf Rollstuhlhöhe (vgl. Schenk 2005, S.136f.). Auch der Einbau von Rampen oder Liften an Treppenstufen ist bei den geeigneten baulichen Voraussetzungen möglich (vgl. Reindl & Kreuz 2007, S.30f.).

Viele Stürze von älteren Personen geschehen beim Reagieren auf das Klingeln von Haustür oder Telefon. Um diese Gefahr zu umgehen, kann eine Türöffnungsanlage, die via Fernbedienung gesteuert wird und über eine integrierte Sprechanlage verfügt, eingebaut werden (vgl. ebd. S.34). Vor allem Badezimmer bergen Gefahrenpotenzial, z.B. rutschige Fliesen, hohe Einstiege und niedrige Toiletten. Durch das Anbringen von Haltegriffen, dem Streichen der Fliesen mit einer speziellen Haftfarbe und der Nutzung von Badewannen-Liftern kann hier, ohne größere Umbauten, Abhilfe geschaffen werden (vgl. ebd. S.40ff.). Welche individuellen Maßnahmen möglich sind und wie die finanziellen sowie baulichen Voraussetzungen dafür sind, kann durch eine Wohnberatung ermittelt werden. Hierfür gibt es mittlerweile zahlreiche Beratungsstellen in ganz Deutschland (vgl. ebd. S.56). Jedoch ist ein Umbau für viele ältere Menschen, selbst mit einer staatlichen Bezuschussung zu teuer und geschieht, wenn überhaupt, meist nur reaktiv statt präventiv.

5.3 Technische Unterstützung

Immer häufiger werden auch technische Hilfsmittel zur Erleichterung des Wohnens im Alter verwendet. Das Spektrum solcher Assistenzsysteme, den *Ambient Assisted Living Systemen* (*AAL*), ist mittlerweile breit gefächert:

Als *Homecare* beispielsweise bezeichnet man eine Versorgungsform, die in den eigenen vier Wänden verwendet wird. Das Besonderes daran ist, dass Diagnostik, Beratung und Interventionsmaßnahmen, die früher ausschließlich in mindestens teilstationärer medizinischer Behandlung stattfinden konnten, mittlerweile auch „telemedizinisch" praktiziert werden können (vgl. Kruse 2013, S.33). Laut Kruse ist sogar ein Konzept denkbar, das vitale Körperfunktionen überwacht und die Blutdruckwerte oder das Gewicht automatisch über das Internet an medizinische Zentren übermittelt, um dann individuelles Feedback und Handlungsempfehlungen zurückzusenden (vgl. ebd. S.34). Bereits heute gibt es sogenannte „Online-Toiletten", die Urin- und Fettwerte erfassen und via Mail an den Hausarzt weiterleiten (vgl. Feddersen & Lüdtke 2011, S.14). Vor allem bei chronischen Erkrankungen erscheint ein solches Monitoring im häuslichen Umfeld hilfreich, um den Verbleib in der eigenen Häuslichkeit möglichst lange zu ermöglichen (vgl. Heinze 2017, S.226). Die Grenzen werden dabei weniger von Seiten der Technik, als von dem Umgang mit den Daten gesetzt. Generell steht vor allem die ältere Generation technischen Neuerungen und der damit einhergehenden Gefahr des Datenmissbrauchs misstrauisch gegenüber. Die Konsequenz daraus ist, dass die Akzeptanz solcher *AAL* Systeme, trotz der offensichtlichen Vorteile, dennoch meist eher gering ausfällt (vgl. ebd.).

Als geduldeter Alltagshelfer für ältere Personen hat hingegen bereits der *Hausnotruf* in vielen deutschen Haushalten Einzug erhalten. Dies ist ein kleiner Sender, der in Form eines Armbands oder einer Halskette am Körper getragen wird und durch den 24 Stunden am Tag Hilfe schnell verfügbar ist. Wird der Auslöser gedrückt, so wird ein Notruf abgesetzt, der sich je nach Vereinbarung entweder mit den Angehörigen oder sofort mit einer Notfallzentrale des Anbieters verbindet (Basis-Version). Durch das zentrale Hinterlegen des Wohnungsschlüssels kann der Anbieter im Notfall sofort Hilfe schicken (vgl. Reindl& Kreuz 2007, S,49f.). Zusätzlich kann ein fest installierter Hausnotruf mit Rauch- und Bewegungssensoren angebracht werden, der im Falle eines Brandes, beziehungsweise eines Einbruchs, die Zentrale informiert. Erweiternd besteht mittlerweile die Option auch Serviceleistungen, wie *„Essen auf Rädern"* oder Fahrdienste über den Hausnotruf zu organisieren (vgl. Heinze 2017, S.223f.). Die Kosten belaufen sich für die Erstinstallation auf ca. 100 Euro und monatlich ist ein Beitrag von ca. 20 Euro für die Basis-Version (Basisstation und Funksender) zu leisten. Besteht eine Pflegeeinstufung, so übernimmt, je nach Pflegegrad, die Pflegeversicherung diese Kosten ganz oder zumindest anteilig.

Der Trend zentrale Versorgungs- und Einkaufszentren an Stadtränder zu bauen, ist für die älteren MitbürgerInnen eher ungünstig. Daher ist das *„Essen auf Rädern"* eine nutzbringende Option für Personen, deren Mobilität eingeschränkt ist. Vor allem SeniorInnen, die auf dem Land wohnen, können bei zunehmenden gesundheitlichen Einschränkungen kaum noch selbst für ihre Einkäufe sorgen. Bis sich das Konzept von Online-Lieferdiensten für Lebensmittel auch in den ländlicheren Regionen verbreitet, wird weiterhin das *„Essen auf Rädern"* eine gern genutzte Alternative sein. NutzerInnen dieses Konzepts müssen weder Großeinkäufe machen, noch selbst kochen. Sowohl bei kommerziellen, als auch bei gemeinnützigen Dienstleistern, können sich gehbehinderte, pflegebedürftige oder stark geschwächte Personen mittlerweile vollständige Menüs nach Hause liefern lassen (vgl. Reindl & Kreuz 2007, S. 66f.). Die Kosten pro Mahlzeit betragen je nach Umfang und Anbieter zwischen fünf und neun Euro. Im nachfolgenden Abschnitte werden weitere Möglichkeiten von Unterstützungsleistungen vorgestellt.

5.4 Personelle Unterstützung

Personelle Hilfe anzunehmen ist für viele ältere Personen eher eine widerwillige Entscheidung. Sie möchten niemanden zur Last fallen und versuchen deshalb ihre gewohnte Selbstständigkeit zuhause bestmöglich aufrechtzuerhalten. Da vor allem berufstätige Angehörige die zeitlich aufwendige Pflege nicht komplett selbst übernehmen können (siehe Kapitel 2.8.1), wurden in vielen Städten und Gemeinden bereits verschiedene Organisationen ins Leben gerufen, in denen sich die Mitglieder *ehrenamtlich* um ältere oder pflegebedürftige Menschen in ihrer Umgebung kümmern. Diese, meist von Freiwilligenagenturen oder Seniorenbeiräten initiierten Unterstützungssysteme, übernehmen jedoch keine pflegerischen Aufgaben, sondern unterstützen vor allem im Haushalt oder bei der Alltagsbewältigung (z.B. beim Rasenmähen oder Einkaufen).

Auch NachbarInnen können, beispielsweise in Form der *Nachbarschaftshilfe*, unterstützend tätig werden. Diese informelle Form der Unterstützung nehmen aktuell bereits ca. 39 Prozent der älteren Menschen an (vgl. Heinze 2017, S.217). Die Nachbarschaftshilfe umfasst die Übernahme kleinerer Aufgaben, wie ehrenamtliche Fahrdienste oder dem Erledigen von Besorgungen. Die Entstehung einer funktionierenden Nachbarschaftshilfe ist allerdings keine Selbstverständlichkeit, sondern muss politisch und finanziell gefördert werden (vgl. Berner, Mahne, Wolff & Tesch-Römer 2017, S.389).

Eine ebenfalls informelle Form der personellen Unterstützung ist das Konzept *„Wohnen für Hilfe"*. Dies hat sich bisher vor allem in größeren Universitätsstädten etabliert und bereits bewährt (vgl. ebd., S.88). Vor allem für die Studierenden sind die wuchernden Mietpreise in den Unistädten kaum zu finanzieren, während ältere Personen meist über sehr viel ungenutzten Wohnraum verfügen. Aus dieser Situation heraus hat sich dieses Konzept entwickelt, bei dem die SeniorInnen oder auch Familien ihre freien Räumlichkeiten kostenfrei oder zumindest deutlich vergünstigt an Studierende vermieten. Diese wiederum unterstützen ihre Vermieter im Gegenzug im Alltag. Vorstellbar sind Aufgaben im Haushalt wie Putzen, Kochen, Einkaufen, Gartenarbeit oder auch die Betreuung von (Enkel-)Kindern. Das Zusammenleben hängt insbesondere von der gegenseitigen Sympathie ab und sollte schriftlich geregelt werden. Eine Faustregel für die individuellen Vereinbarungen über Art und Umfang der Hilfe ist dabei pro Quadratmeter eine Stunde Hilfe im Monat (vgl. ebd.).

Etwas mehr Toleranz hinsichtlich pflegerischer Unterstützung erfordert die Unterstützung durch *ambulante Sozialstationen, bzw. von Pflegediensten*. Diese übernehmen in regelmäßigen Hausbesuchen medizinisch-pflegerische Tätigkeiten wie die Grund- und Behandlungspflege oder unterstützen im Haushalt. Häufig werden die Leistungen der Grundpflege, welche Körperpflege, Ernährung oder Mobilisation umfasst, mit denen der Behandlungspflege kombiniert. Das bedeutet, dass zusätzlich zu den bereits genannten Aufgaben auch medizinische Pflege wie Blutzuckermessung, das Anlegen von Wundverbänden oder die Stoma-Versorgung vom Arzt angeordnet werden kann. Sofern der Betroffene einen Pflegegrad hat, werden die anfallenden Kosten bis zu einem gesetzlich festgesetzten Höchstbetrag (1.995 Euro bei Pflegegrad 5) von der Pflegekasse übernommen und monatlich über einen Pflegevertrag abgerechnet (vgl. Reindl & Kreuz 2007, S.24). Wird die Unterstützung nur kurzfristig, z.B. nach einem Bruch des Schultergelenks benötigt, so kann eine Verordnung durch das Krankenhaus oder den Hausarzt ausgestellt werden. Dadurch können die ambulanten Dienstleistungen über die Krankenkasse abgerechnet werden. Zu beachten ist, dass die Qualität der Sozialstationen sehr unterschiedlich ausfallen kann und sich diese vor allem aus der Qualifikation der MitarbeiterInnen ergibt (vgl. ebd., S.74).

Ist jedoch pflegerisch mehr Unterstützungsbedarf notwendig, kann dies nur in Ausnahmefällen von informellen HelferInnen übernommen werden. Auch die oben beschriebenen Pflegedienste bieten nur sehr selten einen Rund- um-die-Uhr Service an. Um die Selbstständigkeit und Mobilität von pflegebedürftigen Menschen bestmöglich zu erhalten, ist 24-Stunden-Pflege im eigenen Zuhause eine geeignete Option. Eine 24-Stunden-Pflegekraft kümmert sich verantwortungsbewusst um alle Belange des täglichen Lebens, die die KlientInnen nicht mehr eigenständig erledigen können. Ihre Aufgaben umfassen zum einen hauswirtschaftlichen Versorgung wie Waschen, Bügeln oder Reinigung. Zum anderen fällt auch die Übernahme der Grundpflege (z.B. Übernahme der Körperpflege, Inkontinenzversorgung, Mobilisierung oder Lagerung) in den Zuständigkeitsbereich einer solchen Pflegekraft (vgl. ebd. S. 75). Die notwendigen Tätigkeiten werden zuvor anhand einer Bedarfsanalyse ermittelt, auf deren Grundlage eine geeignete Pflegekraft ermittelt wird. Die Kosten für diese Art der Unterstützung ergeben sich je nach Qualifikation der Pflegekraft. Ähnlich wie beim Heimaufenthalt muss mit 1.200 Euro monatlich gerechnet werden (vgl. ebd.).

In der Literatur finden sich Unterscheidungen zwischen deutschen und ausländischen Pflegekräften, die in der Regel aus Polen, Slowakei und Tschechien stammen. Zweitere werden in der Regel weniger gut bezahlt, da sie aus Pflegediensten ihres Heimatlandes an deutsche Agenturen vermittelt werden (vgl. ebd.). Voraussetzung für die Inanspruchnahme einer 24-Stunden-Kraft ist, dass ihr im Haus oder in der Wohnung des/der zu Pflegenden ein eigenes Zimmer mit Telefonanschluss und WLAN zur Verfügung steht. Des Weiteren sollte die zu pflegende Person starke Mobilitätseinschränkungen, eine kognitive Erkrankung (z.B. Demenz) sowie einen Pflegegrad von mindestens 2 haben. Auch die Legalität der Vermittlung, sprich die rechtmäßige Anmeldung der Beschäftigung samt Sozialversicherungspflicht und Arbeitserlaubnis, sollte zwingend vorab geklärt werden (vgl. ebd. S.76).

5.5 Mehrgenerationenhaus

Früher war das Zusammenleben der Generationen selbstverständlich, heute ist es eher die Ausnahme. Viele SeniorInnen sind unglücklich damit, kaum oder nur wenig Kontakt zu den jüngeren Generationen zu haben (vgl. Reindl & Kreuz 2007, S.115f.). Dabei birgt der Kontakt von Jung und Alt für alle Beteiligten positive Effekte. Viele Träger der freien Wohlfahrtspflege beteiligten sich beispielsweise bereits an dem vom Bund initiierten Programm „Mehrgenerationenhaus" und richteten insgesamt 540 Begegnungsorte in ganz Deutschland ein, an denen das Miteinander der Generationen aktiv gelebt wird (vgl. Bundesministerium für Familie, Senioren, Frauen und Jugend). In den sogenannten *Mehrgenerationenhäusern* wird Platz für gemeinsame Aktivitäten geboten und ein nachbarschaftliches Miteinander in den Kommunen geschaffen. Die Räumlichkeiten stehen allen Menschen zur Verfügung – unabhängig von Alter oder Herkunft. Durch die generationenübergreifenden offenen Treffs kommen die BesucherInnen miteinander ins Gespräch und knüpfen Kontakte. Die kostenfreien Angebote, die haupt- und ehrenamtliche Mitarbeiter gemeinsam organisieren, sind vielfältig und erstecken sich von Betreuungs- oder Kreativangebote für Kinder, über Sprachkurse für MigrantInnen bis hin zu Unterstützungsangebote für Pflegebedürftige und deren Angehörige (vgl. ebd.).

5.6 Teilstationäre Einrichtungen

Wer zwar Unterstützung benötigt, aber gleichzeitig noch soweit selbstständig ist, dass er den Großteil seiner Zeit alleine verbringen kann, dem kann durch Angebote der teilstationären Betreuung geholfen werden.

5.6.1 Tages- und Nachtpflege

Sofern keine vollstationäre Pflege benötigt wird, jedoch eine Einstufung in mindestens Pflegegrad 2 besteht, kann die Möglichkeit einer stundenweisen Betreuung in Anspruch genommen werden. Die speziellen *„Tages- und Nachtpflegeeinrichtungen"* dienen pflegebedürftigen Menschen tags- bzw. nachtsüber als eine Art zweites Zuhause, in welchem sie teilstationär, sowohl professionell pflegerisch, als auch sozialtherapeutisch, umsorgt werden (vgl. Swoboda-Ruf 2016, S.12f.). Ziel ist zum einen die Entlastung der pflegenden Angehörigen und gleichzeitig die Erhaltung der Inklusion für hilfsbedürftige Menschen. Die Betroffenen werden zu bestimmten, zuvor vereinbarten Tages- und Nachtzeiten (meist von 8 bis 17 Uhr) umsorgt, körperlich aktiviert, sowie medizinisch behandelt und verbringen die restlichen Stunden in ihrem eigenen Zuhause (vgl. Reindl & Kreuz 2007, S.25). Abgerechnet wird über Tagespauschalen, die von den Pflegekassen bezuschusst werden (Pflegesachleistungen). Der Vorteil für die Pflegebedürftigen ist, die flexible Entscheidung darüber, wie oft in der Woche die Tages- bzw. Nachtpflege genutzt werden möchte. Zudem lassen sich diese Angebote mit dem Pflegegeld oder den Pflegesachleistungen (bei ambulanter Pflege) kombinieren. Der Tagessatz für diese teilstationäre Einrichtung beträgt je nach Pflegegrad in etwa 60 Euro (vgl. ebd.).

5.6.2 Kurzzeitpflege und Verhinderungspflege

Die *Kurzzeitpflege* ist ein zeitlich begrenzter Aufenthalt in speziellen Kurzzeitpflegeeinrichtungen oder Heimen. Genutzt als Übergangslösung nach einem Krankenhausaufenthalt, richtet sich diese teilstationäre Einrichtung insbesondere an selbstständig lebende SeniorInnen und fördert deren vollständige Genesung. Voraussetzung ist allerdings die Verfügbarkeit von freien Kurzzeitpflegeplätzen sowie eine Pflegeeinstufung. Bei SeniorInnen bei denen keine Einstufung nach Pflegegrad vorhanden oder notwendig ist, kann seit Beginn des Jahres 2017 nach § 39c SGB V eine *Kurzzeitpflege bei fehlender Pflegebedürftigkeit* beantragt werden. Dies wird von den Krankenkassen geprüft und zielt in erster Linie auf ältere Personen ab, die „nach schwerer Krankheit" (§ 39c SGB V) kurzfristig ihren Haushalt nicht selbstständig führen, bzw. ihren Alltag derzeit nicht alleine bewerkstelligen können (z.B. nach einem Bruch des Oberarms). Der Tagessatz beträgt je nach Pflegeeinrichtung ungefähr 70 Euro. Dabei liegt die Selbstbeteiligung, unabhängig vom bestehenden Pflegegrad, bei etwa 35 Euro täglich (vgl. Reindl & Kreuz 2007, S.80f.).

Auch durch die sogenannte *Verhinderungspflege* wird pflegenden Angehörigen nach §39 SGB V ermöglicht Kurzzeitpflegeeinrichtungen zu nutzen. Dort können die Pflegebedürftigen für die Dauer von Urlaub oder eigener Krankheit der Angehörigen oder Ausfall der Pflegekraft gepflegt werden. Die Verhinderungspflege kann auch zu Hause geleistet werden, wobei der pflegende Angehörige durch eine Ersatzperson vertreten wird. Diese kann entweder tage- oder stundenweise in Anspruch genommen werden. Die Verhinderungspflege wird von der Pflegekasse für bis zu sechs Wochen im Jahr mit einem Pauschalbetrag von 1.612 Euro bezuschusst. In Ausnahmefällen kann die Zeit auf bis zu zehn Wochen im Jahr ausgeweitet werden (vgl. Reindl & Kreuz 2007, S.24).

5.7 Vollstationäre Einrichtungen

Ist eine eigene Wohnung nicht (mehr) pflegegerecht und Umbauten zu aufwendig oder nicht möglich, kann eine stationäre Einrichtung kaum umgangen werden. Dass dies jedoch nicht sofort „Endstation Pflegeheim" bedeuten muss, wird in diesem Kapitel verdeutlicht. Die im Folgenden genannten Einrichtungen verfügen allesamt über ein einzig dafür geschaffenes Umfeld und werden oft auch als „letzte Lebensform" oder „Nothalt" bezeichnet (vgl. Feddersen & Lüdtke 2011, S.15). Die Auflistung ist absteigend nach der Dauer und dem Grad der Selbstbestimmtheit des Wohnens gewählt.

5.7.1 Betreutes Wohnen

Zu den vollstationären Einrichtungen zählt die Option des betreuten Wohnens. Diese Wohnform, die häufig auch „Service-Wohnen" genannt wird, stellt eine gern genutzte Alternative zu einem Heimaufenthalt dar. Von Seiten des Anbieters (meist Einrichtungen der Altenhilfe) werden seniorengerechte Wohnungen zur Verfügung gestellt, in die sich die BewohnerInnen einmieten. Sofern ausreichend Kapital vorhanden ist, kann auch Eigentum an der Wohnung erworben werden. Es wird zwischen verschiedenen Formen unterschieden:

Das *Wohnen mit Hausmeisterservice* umfasst lediglich technische Serviceleistungen sowie die Haus- und Gartenpflege (vgl. Blonski 2009, S.194). Beim *Wohnen mit Ansprechperson und externen Serviceangeboten* können sich die BewohnerInnen an einen Ansprechpartner wenden, wenn sie externe Dienstleistungen in Anspruch nehmen möchten. NutzerInnen des *Wohnens mit Pflegestation* genießen einen eigenen hausinternen Pflegedienst, der 24 Stunden abrufbar ist und leichte pflegerische Tätigkeiten übernimmt. Oft sind die Appartementkomplexe direkt an eine feste Pflegeeinrichtung angeschlossen.

Bei diesen Formen wird zwischen dem *Wohnen im Heimverbund*, bei dem man nur in unmittelbarer Nähe von Pflegeeinrichtungen wohnt und dem *Wohnen mit integrierter Pflege und Versorgung* unterschieden (vgl. Blonski 2009, S.195). Erstere liegt in unmittelbarer Nähe eines Alten- oder Pflegeheims des gleichen Trägers. BewohnerInnen können bei Bedarf die (pflegerische und haushälterische) Unterstützung sowohl von der angrenzenden Institution, als auch durch einen externen Pflegedienst abrufen (vgl. Swoboda-Ruf 2016, S.8).

Im *Wohnen mit integrierter Pflege und Versorgung*, welches meist in Seniorenresidenzen selbst stattfindet, können dagegen alle Leistungen, die den HeimbewohnerInnen innerhalb der Einrichtung zustehen, gegen Aufpreis ebenfalls dazu gebucht werden (vgl. Blonski 2009, S.195).

Laut Reindl und Kreuz ist der Begriff des betreuten Wohnens jedoch irreführend, da diese Wohnform weniger auf Betreuung, sondern auf die Förderung und Erhaltung der Selbstständigkeit der BewohnerInnen abzielt (vgl. Reindl & Kreuz 2007, S.96).

Beim Einzug in die betreute Wohnung wird neben dem Miet- oder Kaufvertrag auch ein Betreuungsvertrag abgeschlossen, in dem die individuellen Unterstützungsleistungen festgelegt werden. Diese umfassen zum einen fixe *Grundleistungen* wie Notrufsicherung, Beratung oder Hausmeisterdienste. Zum anderen werden im Bedarfsfall abrufbare, individuell zusammenstellbare *Wahlleistungen* angeboten. Diese wiederum können an die feste Institution geknüpft sein oder von extern in die Wohnung einbestellt werden (z.B. Hol- und Bringdienste, externe Sozialstation oder haustechnische Dienste) (vgl. Schenk 2005, S.135ff.). Welche Leistungen in den Einrichtungen generell vorhanden sein sollten wird im Katalog DIN77800 zusammengefasst (vgl. Reindl & Kreuz 2007, S.102).

Ergänzend zu diesen Angeboten wird die Installation einer „Lebenszeichenanlage" empfohlen. Über diese werden täglich Bewegungen innerhalb der Wohnung registriert, bzw. Anrufe in die Wohnung veranlasst. Dadurch kann ohne größeren Betreuungsaufwand überprüft werden, ob bei den BewohnerInnen alles in Ordnung ist oder es möglicherweise zu Stürzen oder sonstigen Zwischenfällen gekommen ist (vgl. ebd., S.106).

In betreuten Wohnformen existieren häufig auch Gemeinschaftsräume, in denen verschiedene Veranstaltungen und Freizeitangebote für die BewohnerInnen organisiert werden (z.B. Gedächtnistraining, Kegeln oder Filmabende) (vgl. Kruse 2013, S.34).

Abhängig von Region und Einrichtung liegen die monatlichen Mietkosten etwas über der ortsüblichen Miete für eine „normale" Wohnung (ohne Zusatzleistungen). Zusätzlich sind Nebenkosten sowie die Grund- und Betreuungspauschale von jeder/jedem BewohnerIn zu zahlen. Die Pauschalen für den Grundservice sind allerdings schwer miteinander vergleichbar, da die angebotenen Leistungen bzw. die Leistungskombinationen sehr unterschiedlich sein können. Abhängig von Lage, bzw. Ausstattung des Komplexes betragen sie im Schnitt zwischen 50 bis 100 Euro im Monat (vgl. Reindl & Kreuz 2007, S.110). Je nach Inanspruchnahme fallen zusätzlich Kosten für die individuell zubuchbaren Wahlleistungen an.

Als Zielgruppe dieses Konzepts gelten vor allem ältere Personen, bei denen zwar (noch) kein akuter Hilfsbedarf besteht, die jedoch in einigen Bereichen, wie Motorik oder Mobilität auf leichte Unterstützung angewiesen sind (vgl. ebd.). Ebenfalls gut geeignet ist das betreute Wohnen für Personen mit psychischer Einschränkungen oder sozial isolierte Personen (vgl. ebd.). Überzeugen kann dieses Konzept insbesondere durch ein Maximum an Versorgung und Unterstützung, bei gleichzeitiger Erhaltung der Autonomie und des selbstständigen Alltags der BewohnerInnen (vgl. Schenk 2005, S.136 f.). Darüber hinaus wird durch zahlreiche Gemeinschaftsangebote die Erhaltung sozialer Kontakte unterstützt. Otto und Langen gehen davon aus, dass gemeinschaftliche Wohnformen im Sozialraum hinsichtlich der Inklusion von SeniorInnen elementar unterstützend wirken können (vgl. Otto & Langen 2009, S.111). Für die Förderung der gesellschaftlichen Teilhabe älterer Menschen ist es daher ebenfalls wünschenswert, ein Café an das betreute Wohnen anzugliedern, welches auch für externe BesucherInnen zugänglich ist (vgl. Reindl & Kreuz 2007, S.105f.).

Unerlässlich für das Gelingen des betreuten Wohnens sind feste Tagesstrukturen und stark ausgeprägte Qualitätsstandards (vgl. ebd. S.35). Durch das 2012 eingeführte Pflegeneuausrichtungsgesetz konnte die Finanzierung und die generelle Umsetzung von stationär betreuten Einrichtungen bereits deutlich verbessert werden, wodurch sich auch der Zulauf gesteigert hat (vgl. ebd. S.36). Aufgrund der sich veränderten Familienstrukturen und dadurch, dass Angehörige immer seltener die Pflegeaufgaben übernehmen können wird für die nächsten Jahren ein weiterer Anstieg erwartet (vgl. Kruse 2013, S.37). Gegenwärtig erscheint dies aufgrund mangelnder geeigneter Wohnobjekten, die über eine gute Anbindung an pflegerische Dienstleistungen und an die lokale Infrastruktur verfügen, problematisch.

Kritisch zu sehen ist zudem, dass je nach Ausstattung der Wohnungen bei außerordentlichem Pflegebedarf ein Umzug in ein Heim, bzw. in den internen Pflegebereich der Einrichtung nicht zu umgehen ist. Jedoch sorgen viele Institutionen dahingehend vor und verbinden das betreute Wohnen mit der Option einer vollstationären Pflegeversorgung (vgl. Reindl & Kreuz 2007, S.105f.).

5.7.2 Gemeinschaftliche Wohnformen

Gemeinschaftliches Wohnen bezeichnet alle Formen, in denen gemeinschaftlich zusammengelebt wird. Hauptziel dieses Zusammenlebens soll die Wahrung der Selbstständigkeit der einzelnen BewohnerInnen sein. Bei den Wohngemeinschaften für SeniorInnen muss zwischen den sogenannten selbstorganisierten Wohngruppen (Alten-WGs), den betreuten Wohngruppen und den Wohn- bzw. Hausgemeinschaften unterschieden werden:

Wohn- oder Hausgemeinschaften

In einer *Wohn- oder Hausgemeinschaft* wohnen mehrere Parteien gemeinsam in einem Haus, leben jedoch in eigenen Wohnungen und führen ihren eigenen Haushalt jeweils selbstständig. Die Parteien stehen im engen Kontakt miteinander und unterstützen sich gegenseitig. Beim gemeinsamen Wohnen mit der eigenen Familie wird generell ein Zusammenleben mit „soziale[r] Nähe bei räumlicher Distanz" bevorzugt (Voges & Zinke 2010, S. 301). Das heißt, dass Ältere zwar in der Nähe ihrer Kinder wohnen wollen, jedoch unabhängig von ihnen sein möchten (vgl. ebd.). Das direkte Zusammenleben mit der eigenen Familie gestaltet sich oftmals schwierig, da die unzureichende Distanz zueinander das Konfliktpotenzial erhöht (vgl. Schenk 2005, S.84). Vor allem weil die Bedürfnisse von Jung und Alt auseinandergehen (z.B. Aktivität vs. Ruhe), sind Kompromissbereitschaft, Toleranz und die Bereitschaft zum Austausch Grundvoraussetzungen für ein gelungenes familiäres Miteinander (vgl. Haefker & Tielking 2017, S.98).

Wohn- oder Hausgemeinschaften allerdings müssen nicht zwangsläufig innerfamiliär geführt werden. Auch wechselnde oder zuvor fremden Mietparteien können in einem Haus zusammenleben und gegenseitige Hilfsarrangements schließen, wie am Fallbeispiel verdeutlicht werden soll: Frau Meier, die sich zunehmend alleine fühlt, freut sich, dass sie jeden Tag nach dem Kindergarten die beiden Kinder ihrer Nachbarin Frau Lerzer betreuen darf. Die alleinerziehende Frau Lerzer kommt erst am Abend von der Arbeit nach Hause und ist daher sehr froh über die Betreuungsleistung ihrer Nachbarin. Frau Lerzer kauft als Gegenleistung für Frau Meier ein und bringt ihr Medikamente aus der Apotheke mit.

Das genaue Arrangement und der Umfang der Unterstützung wird individuell durch informelle Vereinbarungen zwischen den Wohnparteien geregelt. Neben der Übernahme von, für ältere Personen beschwerlichen Aufgaben (z.B. Einkaufen, Putzen), können auch Fahrdienste gegen eine vergünstigte Miete oder die Versorgung der Kinder angeboten werden. Wohn- und Hausgemeinschaften können präventiv gegen Altersvereinsamung wirken, da sie gleichzeitig Teilhabe ermöglicht und Privatsphäre sowie Selbstständigkeit wahren (vgl. ebd.). Sowohl Ältere als auch Jüngere profitieren vom Austausch sowie der gegenseitigen Unterstützung und können voneinander lernen (vgl. Kruse 2013, S. 35).

Eine professionelle Pflege ist jedoch auch hier bei erhöhtem Pflegebedarf nicht ersetzbar. Der Erfolg des Konzepts steht und fällt mit dem Umfang der individuellen Bemühung sowie den vorhandenen Kompetenzen der einzelnen BewohnerInnen (vgl. ebd.). Das soziale Miteinander und die Solidarität von Jung und Alt untereinander kann beispielsweise durch ausreichend vorhandene Gemeinschaftsräume, Gemeinschaftsangebote und durch Nachbarschaftshilfe gefördert werden (vgl. Moll 2009, S.31f.).

Selbstorganisierte Seniorengemeinschaften, Alten-WGs

Wie auch bei Wohn- oder Hausgemeinschaften leben die Personen in den „*(selbstorganisierten) Projekten für gemeinschaftliches Wohnen im Alter*" freiwillig zusammen in einer Wohnung bzw. in einem Haus. Jede/r hat sein eigenes Zimmer oder sogar seine eigene kleine Wohnung als Rückzugsort und kann sich im Bedarfsfall von den MitbewohnerInnen unterstützen lassen. Die BewohnerInnen haben eine aktive Rolle, sie können alle Entscheidungen selbst treffen. Das Modell soll Alltagsnähe wahren, daher beruht die Unterstützung lediglich auf informellen Vereinbarungen und lässt die BewohnerInnen selbst über das Maß von Nähe und Distanz zueinander entscheiden. Der Tagesablauf wird individuell festgelegt und kann, sofern gewünscht, vollständig gemeinsam verbracht werden (vgl. Swoboda-Ruf 2016, S.9). Eine adäquate Wohnung kann entweder von den BewohnerInnen selbst gesucht werden oder von einem Träger zur Verfügung gestellt werden (vgl. Reindl & Kreuz 2007, S.114f.). Stellt ein Träger eine Wohnung oder ein Haus, so kann sich dieser entweder komplett zurückhalten oder als UnterstützerIn für die Gemeinschaft agieren.

Ambulant betreute Senioren-Wohngemeinschaft

Auch eine pflegerisch betreute Alternative von Wohngruppen findet sich in der Praxis. Dabei holt sich eine, in der Regel trägerinitiierte, Gemeinschaft zusätzliche Hilfe durch eine professionelle Pflegekraft ins Haus. Diese ist dann für Leitaspekte wie Versorgung, Aktivierung, Rehabilitation und Pflege zuständig (vgl. Reindl & Kreuz 2007, S. 119). Die Pflegekraft wird gemeinschaftlich finanziert und besucht die Gemeinschaft, je nach Unterstützungsbedarf, entweder regelmäßig oder zieht bei höherem Pflegebedarf mit ein (vgl. Kruse 2013, S. 35). In einer betreuten Wohngemeinschaft leben in etwa sechs bis zwölf Personen unter einem Dach. Auch hier hängt der Erfolg nicht unwesentlich von dem Miteinanderauskommen der BewohnerInnen ab und verlangt von ihnen ein gewisses Maß an sozialer Kompetenz, bzw. Anpassungsfähigkeit.

Laut Eberle nehmen gemeinsame Wohnformen in der Zukunft immer mehr zu (Eberle 2013, S. 89). Als Zielgruppe für diese Art des Wohnens werden ältere Menschen genannt, die in ihren Kompetenzen, wenn überhaupt, nur in geringem Maße eingeschränkt sind. Grundvoraussetzungen sind zudem Offenheit und Anpassungsbereitschaft. Der große Pluspunkt dieser Wohnform ist vor allem, dass ein stetiger Kontakt zu MitbewohnerInnen ermöglicht wird (vgl. ebd.). Eine professionelle Pflege ist bei erhöhtem Pflegebedarf dennoch nicht ersetzbar. Darüber hinaus sind die betreuten Wohngemeinschaften für Menschen mit psychischen Problemen oder körperlichen Beeinträchtigungen gut geeignet (vgl. Blonski 2009, S.13).

Wohngemeinschaft für Demenzerkrankte

Auch für demenzerkrankte Personen wurde diese Wohnform bereits in die Praxis umgesetzt. In kleinen Gruppen von etwa drei bis sechs Personen leben die Demenzerkrankten unter einem Dach zusammen und werden von einer professionellen Pflegekraft rund um die Uhr betreut. Zusätzlich unterstützen engagierte Angehörige bei der Versorgung der Gemeinschaft (vgl. Schenk 2005, S. 150f.). Der Grad der Selbstständigkeit von Demenzerkrankten bleibt laut Schenk in und insbesondere durch eine solche kleine Gemeinschaft eher erhalten, als dies in einem Pflegeheim der Fall wäre (vgl. ebd.).

Der klare Vorteil von gemeinschaftlichen Wohnformen ist, dass nach dem Prinzip, der Erhaltung von Selbstständigkeit und Selbstbestimmung der BewohnerInnen gehandelt wird. Daher soll sich die Alltagstruktur nicht an Pflege- oder Betreuung orientieren, sondern individuell nach den Bedürfnissen der SeniorInnen gestaltet werden (vgl. Reindl & Kreuz 2007, S.118f.). Ebenfalls ein Aspekt, der für das Leben in Gemeinschaften spricht, ist das Wohnen in familienähnlichen Strukturen, in denen das Erhalten von alltagspraktischen Kompetenzen gefördert wird. Steigert sich der Pflegebedarf, so können die MitbewohnerInnen die Aufgaben neu verteilen oder bei höherem Aufwand unkompliziert eine Pflegefachkraft miteinbeziehen. Für den Erfolg der gemeinschaftlichen Wohnsituation, die gewissermaßen auch gleichzeitig eine Lebensform darstellt, ist es zielführend, die zukünftigen BewohnerInnen bei der Planung miteinzubeziehen und teilhaben zu lassen (vgl. Kricheldorff 2008, S.242).

Probleme kann vor allem die Suche nach einer adäquaten Wohnung bereiten. Diese muss zum einen groß genug und barrierefrei sein (30-50 m² pro Person), zum anderen möglichst zentral in der Nähe von Einkaufsmöglichkeiten liegen und sollte an eine gute Infrastruktur angebunden sein (vgl. ebd., S.122). Ebenfalls kann das Zusammenleben selbst Fluch und Segen zugleich sein: Zum einen hat das Leben in Einsamkeit ein Ende. Doch Gemeinschaft braucht Zeit, um zu wachsen. Wo viele Meinungen aufeinander treffen besteht immer auch die Gefahr von Konflikten, insbesondere dann, wenn einer oder mehrere der Mitbewohner verstärkt körperlich und geistig abbauen und zur Belastung werden. Toleranz, Rücksichtnahme, Kompromissbereitschaft sowie ein offener Umgang mit Problemsituationen sind dann der einzige Ausweg (vgl. Kricheldorff 2008, S. 243). Gemeinschaftliche Wohnformen werden finanziell, sofern mindestens Pflegegrad 2 besteht, von den Pflegekassen gefördert. Dies kann für jeweils höchstens vier WG BewohnerInnen beispielsweise ein Gründungszuschuss von 2.500 Euro oder ein Zuschuss zum altersgerechten Wohnraumumbau (bis zu 4.000 Euro) sein (vgl. ebd.). Ist die Versorgung in den eigenen Räumlichkeiten trotz aller Unterstützung nicht mehr sichergestellt, hilft oft nur noch ein Umzug in eine professionelle Einrichtung.

5.7.3 Alters-/Pflegeheim, Seniorenresidenzen oder Seniorenzentren

Unter der Bezeichnung Altenheim, Seniorenresidenz oder Pflegeheim verbergen sich größtenteils dieselben Konstrukte, wenngleich eine einheitliche Definition nicht vorliegt (vgl. Swoboda-Ruf 2016, S.8). Gemeinsam haben sie alle, dass in ihnen SeniorInnen und chronisch Kranke vollstationär und umfassend versorgt werden. Der entscheidende Unterschied zwischen einem Senioren- oder Altenheim und einem Pflegeheim ist der Grad der Pflegebedürftigkeit der BewohnerInnen (ebd. S.9).

Senioren- oder Altenheime bieten ihren, in der Regel eher wenig hilfsbedürftigen NutzerInnen, vor allem unterstützer- und betreuerische Leistungen an und zielen auf die Unterstützung im Alltag ab. Das Wohnen im Heim bedeutet jedoch nicht nur den Umzug in eine neue Räumlichkeit, sondern wird in der Regel durch eine Reihe an Zusatzleistungen ergänzt. Beispiele für solche Leistungen sind unter anderem die Inanspruchnahme ärztlicher Betreuungsleistungen, pflegerischen Fachpersonals oder eine Rundumversorgung mit Nahrung und Getränken. In *Altenwohnheimen* wohnen die älteren Personen in geschlossenen kleinen Wohnungen und führen zum Teil sogar ihren Haushalt selbstständig. Im Bedarfsfall sind sowohl Verpflegung, Betreuung als auch ärztliche Versorgung durch das Heimpersonal sichergestellt. In ähnlicher Weise funktionieren auch *Wohnstifte*. Diese sind meist in privater Führung und hotelähnlich aufgebaut. Allerdings sind diese oft noch deutlich kostspieliger als herkömmliche Seniorenresidenzen oder Altenheime (vgl. Moersch 2007, S.18). Neben einem umfassenden Betreuungsservice zeichnen sich die Wohnstifte besonders durch ein vielfältiges Freizeitangebot und durch einen hohen Wohnstandard aus.

Bei *Pflegeeinrichtungen* steht das Umsorgen und die pflegerische Versorgung im Fokus (vgl. ebd.). Den häufigsten Grund für eine Übersiedlung in ein Pflegeheim stellt die Demenz dar. Aus diesem Grund wurde in vielen Pflegeeinrichtungen ein sogenannter „beschützender" Bereich für Demenzerkrankte errichtet (vgl. Reindl & Kreuz 2007, S.128f.). Diese Bereiche verfügen nicht nur über äußerliche Sonderanforderungen (z.B. sichere Fenster und Türen, sich verschließende Ein- und Ausgangsbereiche), sondern auch über speziell geschultes Pflegepersonal und Therapeuten. Die Aufnahme in den geschützten Bereich ist bei geminderter Urteilsfähigkeit (z.B. bei Demenz) nur durch einen richterlichen Beschluss möglich. Die hohen Sicherheitsvorkehrungen gewähren den BewohnerInnen ein größeres Maß an Sicherheit, da die Weglaufgefahr und die Selbstgefährdung minimiert werden.

Generell ist ein Heimaufenthalt für die meisten Menschen eher eine abschreckende Vorstellung und wird nur akzeptiert, wenn alle anderen Möglichkeiten zur selbstständigen Lebensführung entfallen (vgl. Heinze 2017, S.214). Auch wenn sich die Institutionen bemühen so viel „Normalität" wie nur möglich in den Alltagsablauf zu integrieren, wirken viele Heime eher wie ein trostloser Aufbewahrungsort anstatt einem angemessenen Altersdomizil (vgl. ebd.). Dennoch erscheinen laufend neue Heimkonzepte, durch welche innovative und individuell zu buchbare Servicepakete vermarktet werden (vgl. Moll 2009, S. 30f.).

Alle stationären Einrichtungen müssen dieselben Grundleistungen anbieten. Allerdings unterscheiden diese sich deutlich hinsichtlich Qualität und Preisgestaltung voneinander. Die jeweilige Betreuungs- und Pflegequalität wird daher jährlich vom *Medizinischen Dienst der Krankenkassen (MDK)* kontrolliert (vgl. Reindl & Kreuz 2007, S.26). Die einzelnen Aspekte aus den Prüfergebnissen werden dann gewichtet, in einer Gesamtnote zusammengefasst und auf der Website des MDK veröffentlicht.

5.7.4 Seniorendörfer und Rentnerdörfer

Eine in Deutschland kaum verbreitete Wohnform ist das Wohnen in den sogenannten *Rentner-*, beziehungsweise *Seniorendörfern*. Wie sich bereits aus dem Namen ergibt sind dies kleine, dorfähnliche Siedlungen, in denen ausschließlich SeniorInnen leben. Die kleinen, einzelnstehenden Häuser, die allesamt barrierefrei und seniorengerecht ausgestattet sind, liegen in einem ebenfalls altersgerechten Wohnumfeld, in dem sich alle notwendigen Einrichtungen des täglichen Lebens befinden. Das heißt, Wohnen wird mit dem Alltagsleben so kombiniert, dass es kaum noch Hürden in der Versorgung gibt. Pflegedienste, Infrastruktur oder auch Ärzte befinden sich in direkter Nachbarschaft. Das erste Seniorendorf Deutschlands entstand 2009/2010 in Meppen im Emsland. In der 19.000 Quadratmeter großen Siedlung leben ausschließlich SeniorInnen. Die 34 ebenerdigen Bungalows sind innen wie außen barrierefrei, altersgerecht und mit 24-Stunden Notrufsystemen ausgestattet. Den 62 EinwohnerInnen stehen mehrere Sitz-, Grün- und Gemeinschaftsflächen für ein zwangloses Miteinander zur Verfügung. Voraussetzung für einen Umzug in eines der Häuser im Rentnerdorf ist, dass man über 60 Jahre alt, bzw. RentnerIn ist. Preislich muss beim Kauf eines Hauses mit 120.000 Euro aufwärts gerechnet werden. Ein integriertes Verwaltungsgebäude dient den BewohnerInnen als Anlauf- und Beratungsstelle. Darüber hinaus gibt es eine Quartiersmanagerin („Kümmerin"), die ebenfalls in der Siedlung wohnt und den Senioren in allen Belangen zur Seite steht.

Positiv hervorzuheben an derartigen Siedlungskonzepten ist, dass den BewohnerInnen ermöglicht wird, in einer angenehmen Atmosphäre selbstständig im Eigenheim zu wohnen, ohne an Individualität, Eigenständigkeit oder Freiheit zu verlieren. Es besteht die Möglichkeit, die Betreuung nach individuellen Bedürfnissen anzupassen.

Das „abgegrenzt sein" solcher, spezialisierten Orten des Wohnens ist jedoch problematisch. Durch „gesonderten" Wohnorten für SeniorInnen wie Alten- oder Pflegeheimen, Alters-WGs oder speziellen Seniorendörfern sinkt die Präsenz des Alters an öffentlichen Orten zunehmend ab (vgl. Thimm 2013, S.58). Dadurch werden die Begegnung mit den SeniorInnen und die „Sichtbarkeit des Alters" auf spezielle Lebensräume reduziert. Dies mündet unweigerlich in eine veränderte Wahrnehmung des Alters der jüngeren Generationen. Daraus resultiert eine zunehmende Homogenisierung des Alters. Altersstereotypen werden bekräftigt und für die SeniorInnen beschränken sich die Möglichkeiten der sozialen Teilhabe auf ihre „abgeschlossene" Lebenswelt (vgl. ebd.).

Den Vorwurf einer Isolierung, bzw. der Ghettoisierung durch die soziale Abgesondertheit des Wohnviertels weisen die GründerInnen zurück. Die Seniorendörfer stehen für BesucherInnen jederzeit offen und die Bungalows verfügen über genügend Raum für Gäste (vgl. aha-live! 2015). Das Konzept wurde anfangs zwar sehr gut angenommen, doch bereits nach kurzer Zeit wurde erste Kritik an dem Rentnerdorf in Emsland laut. So seien nach aha-live!, dem *Netzwerk für Menschen vor und im Ruhestand,* die Betreuungsleistungen kaum genutzt worden. Zudem wäre es zu einigen Auseinandersetzungen, sowohl zwischen den BewohnerInnen, als auch mit der „Kümmerin" gekommen. Die SeniorInnen wollten die Betreuungsleistungen nicht selbst finanzieren, sodass die „Kümmerin" schon kurz nach der Eröffnung das Rentnerdorf verlassen musste. Beanstandet wurde weiterhin, dass sich die BewohnerInnen in ein „Sonderleben" eingeschlossen fühlten und dass „das Trennen der Generationen nicht von Vorteil" sei (vgl. aha-live! 2015). Dennoch gibt es heute mehrere ähnliche Konzepte in ganz Deutschland.

5.7.5 Wohnquartiere

Eine ähnliche Wohnform wie die Rentnerdörfer stellen sogenannte Wohnquartiere dar. Ein Quartier ist generell keine fest definierte Größe. Heinze (2017, S. 218) beschreibt den Quartiersbegriff als „administrative Bezeichnungen wie Bezirk, Orts- oder Stadtteil", in denen sich auf „gewachsene, kulturell geprägte sozialräumliche Strukturen" konzentriert wird. Des Weiteren vergleicht er das Quartier mit einem heterogenen Dorf innerhalb einer Stadt, welches einen überschaubaren Sozialraum mit hoher lokaler Identität darstellt (vgl. ebd.).

Die BewohnerInnen eines Quartiers leben in ihren eigenen, im besten Fall altersgerechten Wohnungen, Tür an Tür mit ihren NachbarInnen. Das Wohnquartier und der eigene vertraute Stadtteil gewinnt besonders im Alter an Bedeutung, da sich der Aktivitätsradius fast ausschließlich auf diesen beschränkt. Auch ein Teil der Identität wird durch das eigene Quartier gebildet. Daher sollten den BewohnerInnen Möglichkeiten zum Einkaufen, zur Gemeinschaftspflege und eine gut ausgebaute Infrastruktur zur Verfügung stehen (vgl. ebd.). Außerdem wünschenswert im nahen Wohnumfeld sind Beratungsangebote für die Belange älterer Menschen. Ebenfalls Pflegedienste sowie weitere unterstützende Kontakte, sollten im Bedarfsfall schnell erreichbar sein (vgl. Heinze 2017, S. 218f.). Des Weiteren sind den BewohnerInnen öffentliche Begegnungsräume und Außenflächen zur Verfügung zu stellen.

Vorrangiges Ziel der *Wohnquartiere* ist die Schaffung einer sicheren Wohnatmosphäre, in der sich trotz der Ausdünnung von familiären Netzwerken niemand einsam fühlen muss. Daneben wird die Förderung des bürgerlichen Engagements unterstützt (vgl. ebd. S. 221). Insbesondere ältere Menschen sollen ihre Potenziale und Ressourcen voll ausschöpfen können, ohne dabei an Selbstbestimmung und Sicherheit einzubüßen. Dadurch soll eine Steigerung der Lebensqualität erreicht werden. Bedingt wird die Entstehung von Wohnquartieren durch den demografischen Wandel und wird in den meisten Fällen von den Kommunen angetrieben. Durch die Auflösung der klassischen Familienstrukturen (siehe 2.8.1) steigt die Nachfrage an alternativen sozialen Unterstützungsleistungen und stationären Wohnkonzepten (vgl. Heinze 2017, S. 218ff.).

Innerhalb eines Wohnquartiers für ältere Menschen muss jedoch nicht nur eine adäquate Wohnumgebung vorliegen, sondern auch eine dementsprechende Wohnungsausstattung. Dies sollte insbesondere eine ausnahmslose Barrierefreiheit, sowie zusätzlich eine „mitalternde" Ausstattung mit weiteren Anpassungsmaßnahmen (siehe unter 4.2) umfassen. Auch behutsam und nachhaltig eingesetzte technische Assistenzsysteme sowie eine gute soziale Anbindung innerhalb und an das Wohnquartier sind wesentliche Faktoren (vgl. ebd.).

Hinsichtlich Partizipation bieten Quartiere einen Ort des Austausches mit sozialer Vielfalt, hoher Interaktionsdichte sowie breitem formellen und informellen Aktivitätsangebot (vgl. Heinze 2017, S. 218f.). Um ein solches Angebot zu erhalten, müssen sich sämtliche Akteure zu einem „Welfare-Mix" vernetzen. Das heißt, dass soziale PartnerInnen (z.B. Wohlfahrtsverbände und pflegerischen DienstleistungsträgerInnen), AkteurInnen aus Wirtschaft und Politik, Wohnungsunternehmen sowie auch die BewohnerInnen selbst kooperieren müssen (vgl. ebd. S. 219). Hierfür spielt auch die Zusammenarbeit mit etwaigen Kostenträgern wie den Kranken- und Pflegekassen sowie den Kommunen und öffentlichen Trägern eine maßgebende Rolle (vgl. ebd., S.220).

Die Probleme ähneln denen der Seniorendörfer stark. Eines der Hauptmankos liegt in der Finanzierung (vgl. ebd. S. 222). Zwar wäre eine klare öffentliche Finanzierungsverantwortung sinnvoll und wünschenswert, bis dato ist sie jedoch noch nicht existent. Daher müssen sich bislang (meist private) Initiatoren und geeignete Flächen für die Wohnlagen finden lassen, bevor mit dem Bau solcher Projekte begonnen werden kann.

Betrachtet man Wohnquartiere hinsichtlich des Inklusionsaspekts, so ist man laut Schnur gleichzeitig „ein bisschen drinnen" (z. B. über Nachbarschaftsnetzwerke) und „ein bisschen draußen" (z. B. soziale Netzwerke ohne Quartiersbezug) (Schnur 2010, S.45). Durch die zahlreichen innerquartierlichen Aktivitäten und Einrichtungen können die BewohnerInnen innerhalb ihres Quartiers ein hohes Maß an Teilhabe leben. Da außerdem eine gute infrastrukturelle Anbindung zur Verfügung steht, ist es ebenfalls möglich soziale Kontakte und Interessen außerhalb des Quartiers zu pflegen. Zugleich muss betont werden, dass es sich um abgegrenzte Gebiete handelt, die immer auch einen exklusiven Charakter vermitteln.

Nach diesem Kapitel fällt auf, dass die Grenzen zwischen den einzelnen Wohnformen zum Teil fließend ineinander übergehen (vgl. Thimm 2013, S.58). So finden bereits zahlreiche pflegerische Elemente, die früher lediglich in Heimen oder anderen Orten der stationären Versorgung anzutreffen waren, Einzug in die eigenen Räumlichkeiten. Eine Wende im umgekehrten Sinne findet man dagegen in den Heimen: Diese werden immer familiärer gestaltet und streben einen Wohnalltag wie im gewohnten Zuhause an (vgl. ebd.). Gerade die Generation der *Jungen Alten* (heute 60- bis 70-Jährige) verlangen nach mehr Mitbestimmung, Einbindung und Selbstorganisation innerhalb der sich neu entwickelnden Wohnprojekte (vgl. Feddersen & Lüdtke 2011, S.13). Alles in allem ist jedoch festzuhalten, dass mit zunehmender Pflegebedürftigkeit ein Heimaufenthalt im hohen Alter kaum zu umgehen ist, durch frühe Unterstützung und eine altersgerechte Wohnung allerdings zumindest hinausgezögert werden kann (vgl. Voges & Zinke 2010, S.302).

5.8 Beispiele aus anderen Ländern

Kann das selbstständige Leben alleine zuhause nicht mehr garantiert werden kann, steht nicht zwangsläufig der Umzug in ein Heim an. Weltweit gibt es verschiedene praktikable alternative Ansätze und Konzepte, die den SeniorInnen ein längeres selbstbestimmtes Leben ermöglichen. Auf zwei davon wird nachfolgend näher eingegangen.

Ein sehr umfassendes Modell des Wohnquartiers wird bereits seit mehreren Jahren in Japan gelebt. In den sogenannten "Community based Integrated Care Centern", die zentral in Kommunen eingeführt wurden, werden die älteren Mitmenschen gepflegt, ärztlich betreut und unterhalten. Das Besondere an diesem Konzept ist, dass hier sehr alte Menschen von weniger alten Menschen (v.a. den Jungen Alten) betreut und unterstützt werden. Japan zielt darauf ab, dass Junge Alte durch die „active society" selbst mehr Teilhabe durch eine aktive Tätigkeit erhalten. Dadurch wird außerdem versucht zu verhindern, dass Angehörige ihre Arbeit aufgeben müssen, um ihren pflegebedürftigen Verwandten zu helfen. Ebenfalls hochaltrige Menschen sollen in den *Care Centern* einer sinnvollen Beschäftigung nachgehen (z.B. Basteln von Geschenkkarten oder Ausflüge), um dadurch weiterhin am alltäglichen und gesellschaftlichen Leben teilzunehmen. Auch Workshops, in denen man sich zu DemenzhelferInnen ausbilden lassen kann, werden in Japan kostenfrei angeboten und gut angenommen (vgl. Mizumura, Yoshimoto & Ogata 2014).

Ein anderes Wohnkonzept, das bereits insbesondere in den USA großen Zuspruch erfährt, sind die sogenannten *Zentren für lebenslanges Lernen* (vgl. Dwight 2011, S.27). Hierbei teilen sich SeniorInnen und Studierende den Universitätscampus und nutzen ihn gleichermaßen für alltägliche Aktivitäten. Die Generationen lernen und profitieren voneinander, ohne sich gegenseitig in ihrer Privatsphäre einzuschränken. Studierende und junge BewohnerInnen übernehmen beispielsweise Fahrdienste oder Serviceleistungen. Mensa, akademische Kurse und Sportangebote werden von allen Generationen besucht. Der große Vorteil dieser Art des Zusammentreffens ist, dass zum einen die Kognition der SeniorInnen und zugleich die Toleranz der Jüngeren gefördert wird.

Zusammenfassend zeigt sich, dass die Wohnformen zwar allesamt deutliche Vorteile in puncto Sicherheit, Pflege und Komfort aufweisen. Dennoch gehen sie mit eingeschränkter Selbstbestimmung und „vorgefertigten" Lebenswelten einher. Als Zwischenfazit lässt sich bereits an dieser Stelle sagen, dass der Nachfrage Älterer nach geeigneten, alternativen Wohnformen in Deutschland, aktuell noch ein viel zu kleines Angebot gegenübersteht (vgl. Heinze 2017, S. 208).

6 Aktuelle Situation von SeniorInnen in Deutschland

Bevor zum Schwerpunkt dieser Arbeit, der Umfrage zwischen Neumarkt und Sengenthal übergegangen wird, werden unter diesem Kapitel zunächst generelle Daten zur aktuellen Situation angeführt. Dazu erden die Bereiche Wohnen, Unterstützung, Soziale Teilhabe und Versorgung von älteren Menschen thematisiert. Auf diese Teilbereiche wird im Ergebnisteil nochmals, mit speziellem Bezug auf die Daten für die beiden Erhebungsorte, eingegangen.

6.1 Daten zum Wohnen von älteren Menschen

In Deutschland leben wir momentan nach der von der Bundesregierung politisch implementierten Devise „ambulant vor stationär". Daher nehmen SeniorInnen anstelle von stationären Pflegeeinrichtungen häufiger niederschwellige Unterstützungsleistungen an, um den Verbleib in der eigenen Wohnung zu verlängern (vgl. Heinze 2017, S. 213ff.).

Lediglich 4 Prozent der über 65- Jährigen leben in Heimen. Weitere 2 Prozent wohnen in betreuten Wohneinrichtungen (vgl. Schelisch 2016, S.32). Gemeinschaftliche Wohnprojekte scheinen sich bislang eher schwer zu etablieren: Bis zum Jahr 2016 gab es nur etwa 900 solcher Wohnprojekte mit etwa 27.000 BewohnerInnen in ganz Deutschland (vgl. Heinze 2017, S. 213). Diese Wohnformen gewinnen zwar vor allem bei den *Jungen Alten* als Alternative zu einem Heimaufenthalt an Zuspruch, vermitteln häufig jedoch noch immer einen „experimentellen Charakter" (vgl. Kricheldorff 2008, S.240). Verschuldet ist dies meist durch Verfahrenshürden sowie dem Fehlen von professioneller Unterstützung bei Finanzierung, Planung und Umsetzung (vgl. ebd. S.245). Der Großteil der Pflegebedürftigen wird derzeit im eigenen Zuhause versorgt. Dies gilt auch für 75 Prozent aller pflegebedürftigen Demenzkranken (vgl. Verhülsdonk & Höft 2017, S.141).

6.2 Inanspruchnahme von pflegerischer Unterstützung

71 Prozent aller Pflegebedürftigen werden zum Großteil oder gänzlich von ihren Angehörigen versorgt. Mehrheitlich übernehmen die Pflege, die vor allem Männer in Anspruch nehmen, die EhepartnerInnen. Bei einem Drittel der Fälle pflegen die eigenen Kinder (vgl. Verhülsdonk & Höft 2017, S. 141). Diese helfen in vielfältigen Bereichen wie Haushalt, Garten, Einkauf oder auch in technischen, organisatorischen sowie finanziellen Angelegenheiten. Nur neun Prozent überlassen die Pflege Familienexternen (z.B. Nachbarn, FreundInnen) oder professionellen Anbie-

tern (z.B. ambulanter Pflegedienst) (vgl. ebd.). Von diesen werden insbesondere haushaltsnahe Dienstleistungen und die medizinische Versorgung übernommen. Sinnvoll sind vor allem „gemischte Pflegearrangements", die aus der Vernetzung von Angehörigen, informellen und formellen HelferInnen bestehen, damit die pflegerischen Aufgaben auf mehreren Schultern verteilt werden können (vgl. Berner, Mahne, Wolff & Tesch-Römer 2017, S. 382). Durch das *Familienpflegezeitgesetz* und dem *Gesetz zur besseren Vereinbarkeit von Familie und Pflege und Beruf* wurde den Angehörigen eine befristete Freistellung vom Arbeitsplatz zur Übernahme „sorgender Tätigkeiten" ermöglicht und die Vereinbarkeit von Beruf und pflegerischen Aufgaben erleichtert (vgl. ebd. S. 383).

Zur zusätzlichen und informellen Unterstützung kann das nachbarschaftliche Umfeld der zu pflegenden Person werden. Fast die Hälfte aller Befragten gab im Alterssurvey 2014 an, einen engen oder sogar sehr engen Kontakt zur Nachbarschaft zu haben (vgl. ebd., S. 389). Dabei fiel der Wert bei den Personen, die in der Mobilität eingeschränkt sind, deutlich geringer aus. Oft werden zusätzlich zu personeller Unterstützung Hilfsmittel implementiert, um einen längeren Verbleib in der eigenen Wohnung zu garantieren. Unterstützend wirkt sich zudem die aufsuchende Altenarbeit aus, die hilfsbedürftigen, zurückgezogen lebenden Menschen Unterstützungsleistungen vermittelt.

6.3 Umzugsbereitschaft und Umzug im Bedarfsfall

Eine Umfrage aus dem Jahr 2005 der *Bundesarbeitsgemeinschaft der Seniorenorganisationen* (*BAGSO*) unter im Durchschnitt 69- Jährigen ergab, dass 89 Prozent der Befragten im eigenen Haushalt leben. Für die Zukunft kann sich rund ein Viertel der Stichprobe eine gemeinschaftliche Wohnform als Alternative zum Heim vorstellen (vgl. Blonski 2009, S.193). Sobald der eigene Hilfebedarf ansteigt, könnten sich viele SeniorInnen auch mit einem betreuten Wohnen als künftige Wohnform abfinden (vgl. Voges & Zinke 2010, S. 306). Allerdings wünscht sich die Mehrheit, dass die künftige Wohnung dann weiterhin in der Nähe der jetzigen liegt (vgl. ebd.). Laut Voges & Zinke korreliert die Umzugsbereitschaft im Alter negativ mit den persönlichen und sozioökonomischen Ressourcen. Das heißt, dass ein Umzug nicht zwingend durch die Finanzen bestimmt sein muss, sondern sich aus persönlichen Umständen, wie dem Verlust des Lebenspartners, ergibt (vgl. Voges & Zinke 2010, S.306). Generell hat sich durch die bessere „vorstationäre" Versorgung von Familie und ambulanten Pflegediensten sowie der gesteigerten Lebenserwartung das Heimeintrittsalter von 72 Jahre (1970ger) auf 80,5 Jahre (Mitte 2000er) erhöht (vgl. ebd. S. 307). Bei Männern ist zudem der Gesundheitszustand zum Zeitpunkt des Heimantritts oftmals deutlich schlechter als bei Frauen, da Frauen häufiger die Pflege für die Männer übernehmen als Männer für ihre Frauen. Daher siedeln Frauen meist früher und noch in besserem Zustand in ein Heim über. Es ergibt sich folgender Zusammenhang: Je älter und pflegebedürftiger die Person beim Heimeinzug ist, desto kürzer ist auch ihre zu erwartende Verweildauer (im Schnitt 18 Monate). Grund dafür ist nicht nur der schlechtere Allgemeinzustand, sondern auch der Mangel an Ressourcen, die zur Anpassung an die neue Wohnsituation und der Bewältigung der „Übergangskrise" benötigt werden (vgl. ebd. S. 307f.).

6.4 Soziale Kontakte und Teilhabe älterer Menschen

Die wichtigsten Beziehungen im Alter sind die innerhalb der Familie, insbesondere zum Partner sowie zu den eigenen Kindern. Doch auch die Bedeutsamkeit außerfamiliärer Netzwerke steigt im Alter an (vgl. Berner, Mahne, Wolff & Tesch-Römer 2017, S. 387). Zwar verkleinert sich der Freundeskreis im Alter, der Kontakt wird jedoch intensiviert, weil er sich auf die emotional bedeutsamsten Beziehungen beschränkt. Mit zunehmendem Alter können sich Freunde positiv auf unsere Lebensqualität auswirken. Die Ergebnisse einer Längsschnitt-Untersuchung aus dem Jahr 2005 mit über 70-jährigen Australiern zeigen beispielsweise, dass die TeilnehmerInnen länger lebten, wenn sie gute Freunde um sich haben (vgl. Giles, Glonek, Luszcz & Andrews 2005). Durch die aufkommenden Altersproblematiken nehmen der Radius und damit oft auch der Kontakt zu den Bekannten und Freunden mit zunehmenden Alter häufig ab. Gründe für den kleiner werdenden sozialen Kreis sind weiterhin neben dem Rückzug aus dem Erwerbsleben auch das Versterben von ebenfalls alternden Freunden oder dem Lebenspartner/der Lebenspartnerin (vgl. Künemund & Kohli 2010, S.311).

Vor allem in kleineren Kommunen und Gemeinden herrschen enge, freundschaftliche Nachbarschaftsverhältnisse. Stabile Netzwerke unterstützen nicht nur im Alltag, sondern können auch über erlebte Verluste hinweghelfen und sind, vor allem im Alter, eine zunehmend wichtige soziale sowie psychische Komponente (vgl. ebd., S. 309).

Um diese Netzwerke aufrecht zu erhalten engagiert sich knapp die Hälfte der in der *Generali* Befragten 65- bis 85- Jährigen neben Arbeit und Familie ehrenamtlich (vgl. Generali 2017). Dies findet vor allem in kirchlich/religiösen Settings, in Freizeit/ Geselligkeit oder im Bereich Sport/Bewegung statt. Mit zunehmenden

Alter, bzw. steigenden Einschränkungen kann derartigen Tätigkeiten jedoch nur schwer nachgegangen werden. Vor allem Hochbetagte sind bis dato kaum Zielgruppe von Freizeitangeboten oder quartiersnahen Beteiligungsmöglichkeiten. Daher werden sie noch viel zu häufig als passive unterstützungsbedürftige BewohnerInnen wahrgenommen, was sich sowohl negativ auf das gesellschaftliche Altersbild, als auch auf die Partizipationschancen der Hochbetagten auswirkt (vgl. Wolter 2017, S. 64).

6.5 Infrastruktur, Mobilität und Versorgungsanbindung

Unabhängig von der Wohnortgröße ist die Erreichbarkeit von wichtigen Infrastrukturmerkmalen, wie Apotheke, Supermarkt oder Hausarzt ein zentraler Aspekt für die Teilhabe von SeniorInnen am Alltagsleben (vgl. Kruse 2013, S.30). Viele ältere Personen bevorzugen nach wie vor die Nutzung des eigenen PKWs, welcher für sie Unabhängigkeit und Freiheit bedeutet (vgl. Schenk 2005, S.134). Ein weiterer Aspekt der SeniorInnen förmlich zur Nutzung des eignen PKW zwingt ist, dass der barrierefreie Ausbau der Infrastruktur in Deutschland nur schleichend vorangeht. Die Treppen an Bahnhöfen, enge Gehwege und Haltestellen, an denen man meist doch die Hilfe von Fremden braucht, um zu erfahren wann der nächste Bus kommt, bzw. um überhaupt in den Bus zu gelangen.

Besonders in den ländlichen Regionen ist es um die öffentlichen Verkehrsmittel und die Versorgungssicherheit nicht sonderlich gut bestellt (vgl. Schelisch 2016, S. 40f.). Auch Menschenansammlungen sind für SeniorInnen abschreckend und zwingen sie dazu das eigene Auto zu nutzen, auch wenn dies in manchen Fällen mit einer Selbst- und Eigengefährdung einhergeht. Personen, denen kein PKW zur Verfügung steht nehmen nachweislich weniger an außerhäuslichen Aktivitäten teil (vgl. Schelisch 2016, S. 45). Zwar erhöhen moderne Kommunikationsmittel die Teilnahmechancen von SeniorInnen – jedoch können diese den zwischenmenschlichen Kontakt, wie einen Café-Besuch mit den Kindern, einen Theaterbesuch mit Bekannten oder einen Krankenbesuch kaum ersetzen (vgl. Schenk 2005, S. 135).

7 Umfrage zwischen der Stadt Neumarkt und der Gemeinde Sengenthal

Die folgende Erhebung wird von der Forschungsfrage geleitet, ob und inwiefern sich die aktuelle Wohnsituation und die Vorstellung über den Wunsch-Alterswohnsitz von SeniorInnen zwischen städtischen und der ländlichen Regionen unterscheiden. In der Literatur finden sich Angaben darüber, dass die Wohnortlage die Partizipationsmöglichkeiten entscheidend mitbeeinflusst. Je nach regionaler Lage entstehen unterschiedliche sich-eröffnende oder verschließende Lebens-, Entwicklungs- und Isolationsräume (vgl. Kuhn 2012, S.303). Um etwaige Unterschiede im aktuellen Wohnen und der künftigen Wunsch-Wohnvorstellung zu überprüfen, wurden Daten von den EinwohnerInnen ab 65 Jahren der Kreisstadt Neumarkt in der Oberpfalz sowie der angrenzenden Gemeinde Sengenthal erhoben, ausgewertet und miteinander verglichen.

7.1 Rahmenbedingungen in den Erhebungsorten

Die Gemeinde Sengenthal liegt südlich von ihrer Kreisstadt Neumarkt in der Oberpfalz und grenzt an diese an. Die beiden Orte befinden sich im Regierungsbezirk Oberpfalz zwischen den Landkreisen Nürnberg und Regensburg.

In der Gemeinde Sengenthal lebten zum Stand Dezember 2017 genau 3.593 gemeldete EinwohnerInnen (Angaben aus dem Landratsamt Neumarkt). Verglichen wird die Gemeinde mit der großen Kreisstadt Neumarkt in der Oberpfalz, die zum selben Zeitpunkt 39.573 gemeldete EinwohnerInnen zählte (Angaben aus dem Landratsamt Neumarkt).

7.1.1 Daten der Gemeinde Sengenthal

Die Gemeinde Sengenthal besteht aus den Ortschaften Sengenthal, Buchberg, Reichertshofen, Forst sowie mehreren kleineren Mühlen und Höfen. Die Daten aus Tabelle 1 stammen aus dem Jahr 2014 und stellen eine Schätzung der Einwohnerentwicklung von 2014 bis 2028 dar.

Bevölkerungsstand am 31.12…	…insgesamt	Davon Personen…		
		…unter 18	…von 16 bis 65	…65 oder älter
2014	3 277	487	2342	448
2018	3 420	480	2 460	480
2022	3 470	520	2 420	530
2026	3 460	560	2 300	600
2028	3 470	570	2 250	660

Tabelle 1: Bevölkerungsentwicklung für Sengenthal bis 2028 nach Altersgruppen

*Die Werte der Jahre 2015 bis 2034 wurden jeweils auf 100 Personen gerundet.

Quelle: Bayerisches Landesamt für Statistik 2016a, S.5[4]

Bereits im Dezember 2017 lag die tatsächliche Einwohnerzahl der Gemeinde bei 3.593 Personen. Damit wurde die für 2028 geschätzte Einwohnerzahl schon jetzt weit übertroffen. Folglich muss davon ausgegangen werden, dass die tatsächlichen Zahlen für die kommenden Jahre noch deutlich höher ausfallen werden. Die Daten aus Tabelle 1 stellen derzeit die einzig verfügbare, empirisch nachvollziehbare Quelle dar und können nichtsdestotrotz als Orientierungsmaßstab für die künftige Bevölkerungsentwicklung dienen. Auch der Trend für das Wachstum der einzelnen Altersgruppen in der Gemeinde Sengenthal ist ein zentraler Ansatzpunkt für die Kommunalpolitik.

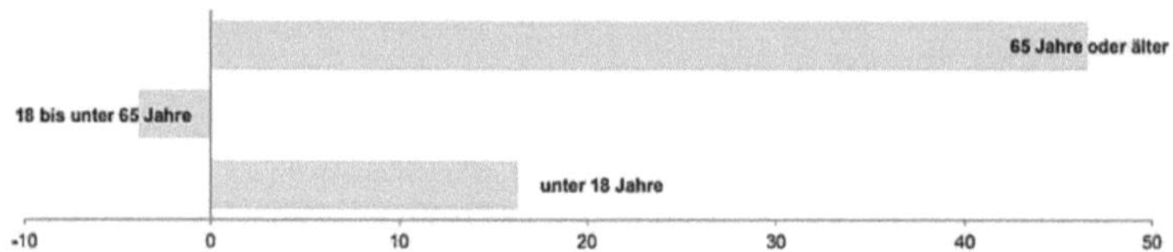

Abbildung 4: Veränderung der Einwohnerzahl der Gemeinde Sengenthal bis 2028 nach Altersgruppen in Prozent

Quelle: Bayerisches Landesamt für Statistik 2016a, S.6

Die Modellrechnung aus Abbildung 4 deutet für Sengenthal einen Anstieg der Personen über 65 Jahre um 46,5 Prozent. Dabei ist von einer Zunahme der 65- bis 75- Jährigen um 59 Prozent auszugehen. Die Zahl der hochaltrigen Personen

---

[4]   https://www.statistik.bayern.de/statistik/gemeinden/09373159.pdf [Stand 09.10.2017]

(über 75 Jahre) werden demnach um 22 Prozent ansteigen. Für den Altenquotienten, der aus der Gegenüberstellung der Anzahl der über 65-Jährigen zu je 100 GemeindebewohnerInnen im Alter von 20 bis 64 Jahren gebildet wird, bedeutet dies eine Steigerung von 19,8 (2014) auf 29,9 (2028).

Anzumerken ist zudem, dass in der Statistik keine Einrichtungen für ältere Menschen gelistet sind (vgl. Bayerisches Landesamt für Statistik 2016a, S.5ff.). Tatsächlich gibt es in Sengenthal zwar keine formalen Einrichtungen für SeniorInnen, durchaus allerdings eine Nachbarschaftshilfe und verschiedene Angebote für SeniorInnen (z.B. Sportkurse, Seniorennachmittag).

7.1.2 Daten der großen Kreisstadt Neumarkt in der Oberpfalz

Die große Kreisstadt Neumarkt umfasst insgesamt 45 amtlich benannte Gemeinde- und Stadtteile. Die Angaben in Tabelle 2 stellen eine Schätzung der Einwohnerentwicklung von 2014 bis 2034 dar.

Bevölkerungsstand am 31.12...	Davon Personen...			
	insgesamt	...unter 18	...von 16 bis 65	...65 oder älter
2014	38 800	6 088	24 495	8 217
2018	39 100	5 800	24 700	8 600
2022	39 300	5 800	24 200	9 300
2026	39 200	5 800	23 300	10 100
2030	39 100	5 700	22 300	11 000
2034	38 900	5600	21 500	11 800

Tabelle 2: Bevölkerungsentwicklung für Neumarkt bis 2034 nach Altersgruppen

*Die Werte der Jahre 2015 bis 2034 wurden jeweils auf 100 Personen gerundet.

Quelle: Nach Bayerisches Landesamt für Statistik, 2016b, S.5 [5]

Wie auch bei den Daten der Gemeinde Sengenthal wurde bereits 2017 der für 2034 prognostizierte Wert weit überschritten. Nichtsdestotrotz können auch diese Daten (Tabelle 2) die steigende Bevölkerungstendenz vermitteln. Ein entscheidender Faktor für die Relevanz der nachfolgenden Umfrageergebnisse ist die Anzahl der BewohnerInnen in den verschiedenen Altersgruppen.

---

[5] https://www.statistik.bayern.de/statistik/gemeinden/09373147.pdf

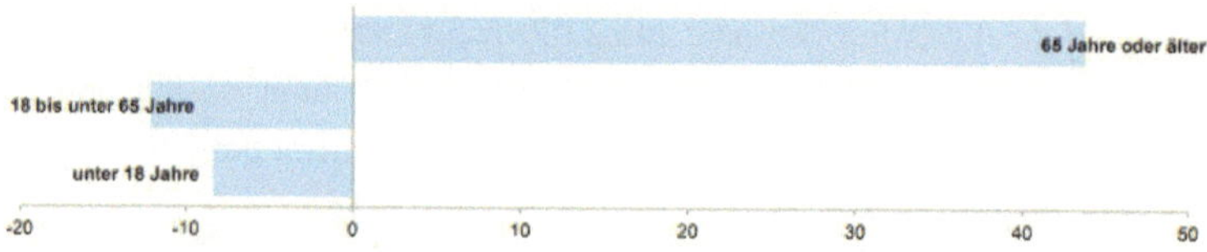

Abbildung 5: Veränderung der Einwohnerzahl der Kreisstadt Neumarkt bis 2034 nach Altersgruppen in Prozent

Quelle: Bayerisches Landesamt für Statistik 2016b, S.6[6]

Aus Abbildung 5 ist eine deutliche Zunahme von Personen über 65 Jahre erkennbar. Demgegenüber steht, entsprechend der Prognose für die Gesamtbevölkerung, ein enormer Rückgang der jüngeren Altersgruppen. Die Modellrechnung des Landesamts für Statistik zeigt eine Zunahme der über 65-Jährigen um 43,7 Prozent. Dabei wird die Gruppe der 60- bis 75-Jährigen um 33,7 Prozent und die über 75-Jährigen sogar um 36,2 Prozent wachsen (vgl. Bayerisches Landesamt für Statistik 2016b, S. 6f.). Bis zum Jahr 2034 wird daraus ein Anstieg des Altenquotienten für Neumarkt von 34,7 (2014) auf 56,6 resultieren (vgl. ebd.). Da die Ergebnisse der vorliegenden Umfrage gegenübergestellt werden, folgt ein direkter Vergleich zur Entwicklung der beiden Bevölkerungspyramiden (vgl. Abb. 6).

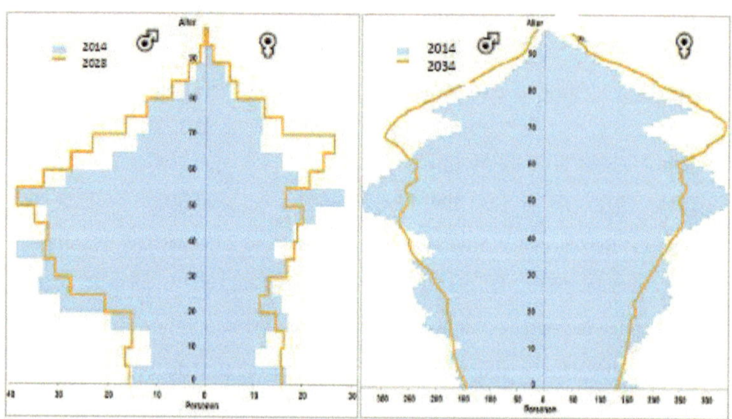

Abbildung 6: Vergleich zwischen den Bevölkerungspyramiden der Gemeinde Sengenthal und der großen Kreisstadt Neumarkt

Quelle: Bayerisches Landesamt für Statistik, 2016a, S.6[7]

---

6   https://www.statistik.bayern.de/statistik/gemeinden/09373147.pdf [Stand 09.10.2017]

Für beide Abbildungen ist die Verschiebung nach oben, weg von einer Pyramide und hin zu einer Pilzform, deutlich erkennbar.

Die Stadt Neumarkt verfügt über zahlreiche Angebote für SeniorInnen. Von Seniorennachmittagen über Musikveranstaltungen speziell für SeniorInnen, bis hin zu Museumsbesuchen für ältere Menschen, wird eine ganze Reihe verschiedenster Freizeitaktivitäten und städtischer Veranstaltungen angeboten. Auch ein Mehrgenerationenhaus ist an das örtliche Bürgerhaus angegliedert, in dem verschiedenen Projekte für alle Generationen umgesetzt werden. Mit dem Seniorenbeirat hat die Stadt Neumarkt im Jahr 2002 ein Gremium eingerichtet, das sich für die Belange der älteren MitbürgerInnen einsetzt und ein Bindeglied zwischen Stadtrat und SeniorInnen darstellt. Des Weiteren verfügt die Stadt Neumarkt mit dem Betreuten Wohnen "St. Paulus" über eine Einrichtung, durch die die lokalen Senioren- und Pflegeheime entlastet werden. Verschiedene Seniorentreffs, wie der im Bürgerhaus der Stadt, kulturelle Veranstaltungen (K&K, Kunst und Kaffee) oder die Einrichtung eines Internetportals für SeniorInnen (www.forumab50.de), runden das breite Angebot ab. Darüber hinaus wurde der gemeinnützige Verein *Generationen helfen im Alltag* (GENiAL e.V.) gegründet. Dieser vermittelt engagierte BürgerInnen an SeniorInnen ab 75 Jahren, die im Haushalt kleine Hilfsleistungen benötigen (z.B. Vorhänge waschen, Gartenarbeit, Einkäufe). Durch dieses Konzept wird der Wunsch der älteren Menschen unterstützt, möglichst lange Zuhause wohnen bleiben zu können.

7.2 Methodisches Vorgehen

Bevor mit der Erhebung begonnen werden konnte, wurden zunächst das Themengebiet und die Art des Erhebungsinstrumentes festgelegt. Daran schloss sich der nachfolgende dargestellte Prozess an (Abb. 7).

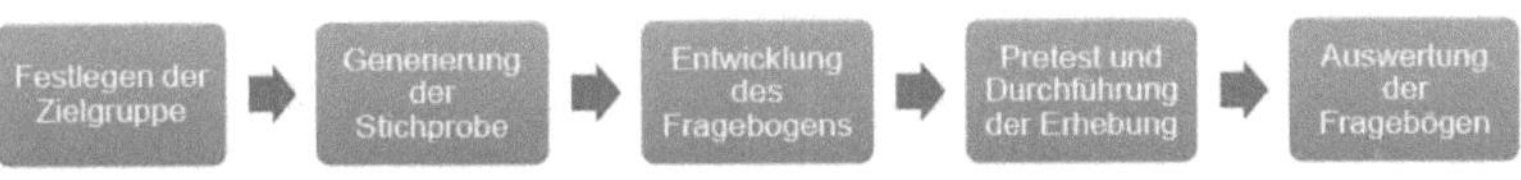

Abbildung 7: Ablauf der Erhebung

Quelle: Eigene Darstellung

---

7   https://www.statistik.bayern.de/statistik/gemeinden/09373159.pdf [Stand 09.10.2017]

7.2.1 Zielsetzung der Erhebung

Der demografische Wandel verändert die Zusammensetzung der Altersgruppen in unserer Bevölkerung nachhaltig. Davon sind Großstädte und kleinere Ortschaften gleichermaßen betroffen. Auch die Kreisstadt Neumarkt und die Gemeinde Sengenthal sind davon nicht ausgenommen: Es müssen neue Konzepte und Lösungsansätze in sämtlichen Handlungsfeldern entwickelt werden, um optimal für die Änderung der Bevölkerungsstruktur gewappnet zu sein. Durch die bevorstehende Überalterung kommt vor allem dem Themenkomplex „Wohnen im Alter" eine zentrale Rolle zu. Daher werden in der nachfolgenden Umfrage die Wohnbedürfnisse älterer BewohnerInnen der Gemeinde Sengenthal und der Stadt Neumarkt aufgezeigt. In einer Querschnittstudie wurden die über 65-jährigen EinwohnerInnen der beiden Erhebungsorte per Fragebogen zu ihrer aktuellen Wohn- und Lebenssituation sowie zu ihren künftigen Wohnvorstellungen befragt.

7.2.2 Auswahl der Stichprobe

Dafür wurde der Fragebogen, nach einem Pretest mit 10 Personen, an insgesamt 400 Personen ab 65 Jahren ausgegeben. Die Akquise der Stichprobe innerhalb der Gemeinde erfolgte zum Großteil durch persönliche Kontakte. Die Fragebögen wurden den EinwohnerInnen über 65 Jahren in der Gemeinde Sengenthal an Orten wie den lokalen Sportvereinen, den Kirchen und über die Nachbarschaftshilfe persönlich ausgehändigt und in Briefkästen eingeworfen. In der Stadt Neumarkt verlief die Auswahl der Stichprobe über den Seniorenbeirat der Stadt, den Verein GENiAL e.V. sowie über das Bürgerhaus. Des Weiteren wurden gezielt Angebote für ältere MitbürgerInnen sowie deren Sozialräume aufgesucht, um die Fragebögen dort nach persönlicher Ansprache auszugeben (u.a. Kirche, Fußgängerzone, Seniorennachmittage).

7.2.3 Design des Erhebungsinstruments

Der quantitative Fragebogen wurde unter Bezugnahme der aktuellen empirischen Forschungsergebnisse und in Absprache mit dem Bürgermeister der Gemeinde Sengenthal und mit dem Leiter des Amtes für Nachhaltigkeit der Stadt Neumarkt entworfen. Verwendet wurden vor allem Teilbereiche des Fragebogens der BAGSO (2005)[8] und der ILE (Integrierte Ländliche Entwicklung)[9].

---

[8]   http://www.bagso.de/fileadmin/Aktuell/WohnenimAlterEndbericht.pdf [Stand 06.07.2017]

Der teilstandardisierte Fragebogen besteht aus zehn Kategorien (siehe Abbildung 8), die jeweils eine bis fünf kurze Fragen beinhalten. Neben vorgegebenen Antwortmöglichkeiten gab es bei (fast) jeder Frage ein zusätzliches Feld für eine offene Antwort. Für zwei Fragen wurden bewusst keine Antwortoptionen vorgegeben, um eine Vielzahl an Antwortoptionen zu erhalten (Frage 2.2 und Frage 9).

Abbildung 8: Die zehn Erhebungskategorien

Quelle: Eigene Darstellung

Nach Berücksichtigung der Zielgruppe wurde sich für das klassische Papierformat entschieden. Dafür wurde der Fragebogen in ein entsprechendes Layout gebracht, das bedeutet mit vergrößerter Schrift (Arial 16), übersichtlicher Gliederung und in einer Art Broschüre zusammengeheftet. Eingeleitet wird der Fragebogen mit einer kurzen Erläuterung zum Grund der Erhebung und mit wesentlichen Informationen zu Ablauf und Rückgabe. Im Anschluss daran wurden demografische Daten (Jahrgang, Geschlecht und Wohnort) abgefragt. Danach wurden die einzelnen Teilbereiche (siehe Abb.8) abgefragt.

7.2.4 Durchführung der Erhebung

Von September bis November 2017 wurden die Fragebögen an die SeniorInnen verteilt. Um den Rücklauf zu erhöhen, wurde jedem Fragebogen ein vorfrankier-

---

[9] http://www.ile-ilek.de/dokumente/WohnenimAlterFragebogen%20alle%20VG.pdf [Stand 06.07.2017]

ter Briefumschlag beigelegt, der auch vom Großteil der Befragten zur Rückgabe genutzt wurde. Als letztmöglicher Abgabetermin wurde der 13. November 2017 festgelegt. Für den Fall, dass Probleme beim Ausfüllen auftreten oder Fragen aufkommen, wurde eine Telefonnummer angegeben. Insgesamt sind 400 Fragebögen, davon etwa 150 in der Gemeinde Sengenthal und 250 an BewohnerInnen der Stadt Neumarkt, ausgegeben worden.

7.2.5 Auswertung

Die Dateneingabe und -auswertung der Fragebögen erfolgte mit dem Statistikprogramm SPSS. Für die bivariate Datenanalyse, die Methoden zur Auswertung von Zusammenhängen zwischen Merkmalen von zwei Variablen zum Ziel hat, wurden jeweils verschiedene unabhängige und abhängige Variablen miteinander korreliert. Diese Gegenüberstellung von verschiedenen Variablen erfolgte mit Kreuztabellen. Alle Abhängigkeiten sind, sofern nichts anderes vermerkt ist, auf einem Niveau von 5 Prozent signifikant (p-Wert ≤ 0,05). Effekte, für die keine Signifikanz errechnet werden konnte, werden in der Regel nicht genannt. Die Berechnung der Signifikanztests wurden in SPSS durchgeführt und erfolgte durch die Errechnung des jeweiligen Korrelationskoeffizienten. Entsprechend wurde für nominale (z.B. Geschlecht) und ordinal skalierte Merkmale (z.B. Skalenwerte von 0-10) der Chi-Quadrat-Test bzw. für metrisch skalierte Merkmale der t-Test angewandt. Bei einigen Fragen wurde um eine Einschätzung anhand der sogenannten Likert-Skala gebeten (Werte von 0 „unwichtig" bis 10 „extrem wichtig"). Diese Skala wurde als Ordinalskala ausgewertet, da nicht grundsätzlich davon ausgegangen werden kann, dass die Befragten die Abstände der einzelnen Antwortmöglichkeiten äquidistant einschätzen. Die ausgefüllten Fragebögen wurden im Anschluss an die Auswertung vernichtet.

7.3 Darstellung der Ergebnisse

In nächsten Abschnitt werden die Ergebnisse der Befragung wiedergegeben. Die nachfolgende Auswertung bezieht sich grundsätzlich auf die 172 vollständig ausgefüllten Fragenbögen, die auch in die SPSS-Analyse einbezogen worden sind (N=172). Personen, die den Fragebogen unvollständig ausgefüllt haben, wurden nicht in die Datenanalyse aufgenommen. Sofern für Items bei der Auswertung ein Vergleich zwischen den Ortschaften gezogen wird, verändert sich die jeweilige Grundgesamtheit für Neumarkt auf N = 99 und für Sengenthal auf N = 73 Befragte. Die Ergebnisse aus den zentralen Teilbereiche werden jeweils in einen Beschreibungsteil und einen Interpretationsteil unterteilt. In der Beschreibung werden die Ergebnisse zunächst lediglich genannt. Genauer beleuchtet werden die Daten anschließend in der Interpretation, wo verschiedene Variablen miteinander korreliert und unter Bezug auf weiterführender Literatur diskutiert werden.

In den dargestellten Diagrammen und Tabellen wird die Anzahl der Personen angeführt, die die jeweilige Frage mit entsprechender Antwortmöglichkeit beantwortet haben (n = x). Ob es sich dabei um absolute oder relative Zahlen handelt, ist aus den einzelnen Achsenbeschriftungen ersichtlich. Bei denjenigen Frageitems, bei denen Mehrfachnennungen möglich waren, wird zusätzlich genannt, wie viele Antworten insgesamt gegeben wurden (Nennungen = X).

Zur besseren Lesbarkeit wurden alle Werte auf ganze Zahlen gerundet. Daher kann es vorkommen, dass die Prozentwerte in der Summe nicht exakt 100 Prozent ergeben. Die Darstellung der Ergebnisse entspricht der Reihenfolge des Fragebogens.

7.3.1 Rücklauf und Ausschöpfungsquote der Befragung

Im Folgenden wird darauf eingegangen, wie sich der Rücklauf der verteilten Fragebögen vom Neumarkt und Sengenthal gestaltete.

Beschreibung | Der Gesamtrücklauf beträgt 180 Fragebögen. Davon wurden 172 vollständig ausgefüllt und konnten in die Analyse miteinbezogen werden (N=172). Bei N=8 fehlten zum Teil alle Angaben oder es waren lediglich die demografischen Daten angegeben, was zum Ausschluss dieser Fragebögen führte. Im Vergleich zu ähnlichen Umfragen ist die Ausschöpfungsquote mit 45 Prozent (bzw. 43 Prozent Vollständige) als gut und repräsentativ für beide Erhebungsorte zu bezeichnen. Dies zeigt die hohe Relevanz der Thematik in der Bevölkerung, wenngleich bei Ansprache der Zielgruppe enorme Skepsis bezüglich der Herausgabe persönlicher Daten an Fremde erkennbar war.

Interpretation | Resultierend aus der erkennbaren Skepsis muss davon ausgegangen werden, dass von den Personen, denen der Fragebogen ohne persönliche Ansprache, bzw. ohne genauere Erklärung gegeben wurde, kaum bis gar kein Rücklauf erhalten wurde. Da dieser Aspekt jedoch bereits in der Planungsphase berücksichtigt wurde, wurde der Großteil der Fragebögen unter persönlicher Ansprache und im institutionalisierten Rahmen verteilt. Konkret umgesetzt wurde das, indem die Verteilung insbesondere über Gruppen, Vereine und Einrichtungen lief, in denen sich überwiegend Personen höheren Alters aufhalten.

Im Gemeindebereich waren das vor allem Sportvereine und über die Kirche. Im Stadtgebiet Neumarkt wurde vor allem der Seniorenbeirat, der Verein Generationen im Alltag (GENiAL e.V) sowie verschiedene Seniorentreffs zur Verteilung genutzt. Daraus resultierte ein Rücklauf mit einer Stichprobenzusammensetzung, die im nächsten Unterpunkt genauer vorgestellt wird.

7.3.2 Angaben zur Stichprobe

An dieser Stelle wird genauer auf die Stichprobe der Erhebung eingegangen. In der nachfolgenden Tabelle sind die Daten der Stichprobe nach Altersgruppen, Geschlechtern und Wohnorten unterteilt dargestellt.

	Alter: 65-74		Alter: 75-82		Alter: 83-97		Gesamt
Geschlecht	w	m	w	m	w	m	172
Sengenthal	9	7	20	15	13	9	73
Neumarkt	15	13	32	19	11	9	99

Tabelle 3: Darstellung der Stichprobe nach Geschlecht, Orte und Altersgruppen

Quelle: Eigene Darstellung nach den SPSS-Daten

Beschreibung | Die Stichprobe aus N = 172 erstreckt sich über eine Altersspanne von 65 bis 97 Jahre. Das Durchschnittsalter der TeilnehmerInnen beträgt 75 Jahre (σ = 6.19). 42,4 Prozent der Befragten leben in der Gemeinde Sengenthal und 57,6 Prozent im Stadtgebiet Neumarkt. In Bezug auf die Verteilung der Geschlechter ist eine stärkere Beteiligung des weiblichen Geschlechts gegenüber dem männlichen mit 62,2 Prozent bzw. 37,8 Prozent festzustellen (siehe Tab. 3).

Interpretation | Grund für ebendiese Verteilung ist möglicherweise, dass sich Frauen eher mit der Thematik „Wohnen" befassen als Männer. Des Weiteren entspricht das Ergebnis der Grundgesamtheit der EinwohnerInnen in den Erhebungsorten. Aus Abbildung 6 wird ersichtlich, dass in beiden Ortschaften mehr Frauen zwischen 75 und 100 Jahren wohnen, als Männer aus derselben Altersgruppe.

7.3.3 Aktuelle Wohnsituation

Im folgenden Themenblock wird nach dem Ist-Zustand bezüglich des Wohnens gefragt. Dadurch kann ein Eindruck davon gewonnen werden, wie die älteren BewohnerInnen der Gemeinde Sengenthal und der Stadt Neumarkt derzeit wohnen.

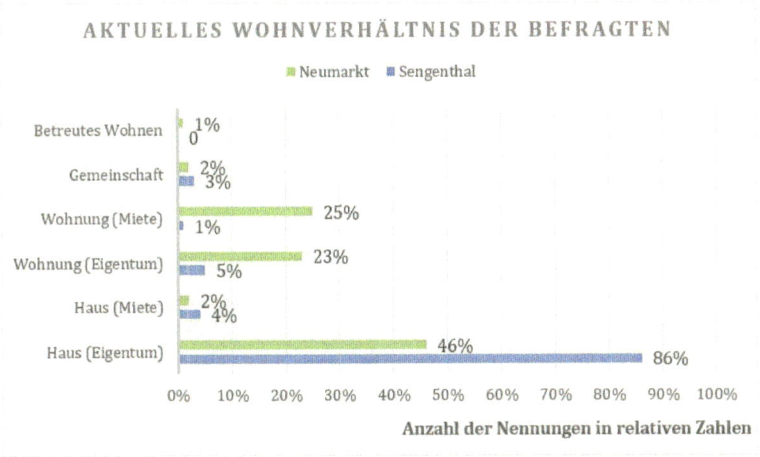

AKTUELLES WOHNVERHÄLTNIS DER BEFRAGTEN

Abbildung 9: Aktuelles Wohnverhältnis der Befragten nach Wohnorten

Quelle: Eigene Darstellung anhand der SPSS-Daten

Beschreibung | Die Mehrheit der Befragten gab an im Eigentumshaus (63,3 Prozent) oder in der Eigentumswohnung (15,7 Prozent) zu leben. Lediglich 18 Prozent der TeilnehmerInnen stehen in einem Mietverhältnis. Die genauen Zahlen, unterschieden nach Wohnorten, sind in Abbildung 9 dargestellt. Die ältere Generation zeigt vor allem in der Gemeinde Sengenthal ein hohes Maß an „Wohnen im Eigentum". Die Gemeindebewohner leben deutlich häufiger in Eigentumshäusern als die EinwohnerInnen der Stadt Neumarkt. Die StadtbewohnerInnen leben ebenfalls am häufigsten in Eigentumshäusern, dicht gefolgt von Mietwohnungen und Eigentumswohnungen. Betreutes Wohnen und gemeinschaftliche Wohnformen wurden kaum genannt.

Interpretation | Im Jahr 2016 lebten über 90 Prozent der älteren Generation in einer privaten Wohnung (vgl. Heinze 2017, S.213). 64 Prozent, der in der Generali Altersstudie 2017 befragten 65- bis 85-Jährigen wohnen in ihrer eigenen Immobilie, davon 55 Prozent im eigenem Haus und 9 Prozent in einer Eigentumswohnung. Dabei zeigte sich auch, dass in ländlicheren Regionen etwa ein Drittel der SeniorInnen mehr in der eigenen Immobilie lebt, als in Städten (vgl. Generali 2017, S.204).

Die Gemeindebewohner wohnen mit deutlicher Mehrheit (66 Prozent) im Eigentum. Genauer gesagt wohnen davon 86 Prozent im eigenem Haus und fünf Prozent in der eigenen Wohnung. Diese hohe Zahl an Eigentumshäusern lässt sich unter anderem damit erklären, dass das aktuelle Wohnhaus bei vielen Befragten das eigene Geburtshaus ist. Das bedeutet, die GemeindebewohnerInnen leben dort bereits ihr ganzes Leben lang. Die BewohnerInnen der Stadt Neumarkt leben häufiger in Mietswohnungen, wohingegen dies in der Gemeinde kaum der Fall ist. Ebenfalls zusammenhängend ist das damit, dass es in der Gemeinde kaum Mietobjekte gibt, da beinahe alle im Eigenbedarf bewohnt sind. Betrachtet man die aktuellen Wohnverhältnisse in Abhängigkeit vom Geschlecht, so leben die befragten Frauen mit 18,7 Prozent häufiger in gemietetem Wohnraum als Männer, die mit 81,5 Prozent mehrheitlich im eigenen Haus oder einer eigenen Wohnung leben. Möglicherweise hängt dies mit den finanziellen Mitteln zusammen, die bei Frauen geringer ausfallen (siehe unter 6.3.8).

Haushaltszusammensetzung

Anhand der Haushaltsgröße und deren Zusammensetzung können, wenn auch nur bedingt, Vermutungen über die soziale Einbindung der BewohnerInnen angestellt werden. Es wird davon ausgegangen, dass Personen, die nicht alleine wohnen, häufiger auf Hilfe im unmittelbaren Umfeld zurückgreifen. Alleinlebende hingegen, können dies in der Regel seltener und sind daher eher auf externe Hilfe angewiesen.

Beschreibung | Die Mehrheit der SeniorInnen wohnt mit dem Partner/der Partnerin zusammen. Insgesamt leben 58 der Befragten alleine, 101 Personen gemeinsam mit der/dem EhepartnerIn und 13 Personen mit den Kindern zusammen. Die Verteilung fällt in beiden Wohnorten ähnlich aus: Prozentual leben in der Gemeinde Sengenthal 23 Prozent alleine; 70 Prozent der Befragten wohnen gemeinsam mit der/dem PartnerIn und 7 Prozent mit den Kindern zusammen. In der Stadt Neumarkt sind es 41 Prozent alleinlebende SeniorInnen, 51 Prozent leben gemeinsam mit ihrer/ihrem PartnerIn und 8 Prozent mit den Kindern. In der Gemeinde Sengenthal leben Frauen ab 75 Jahren etwas häufiger alleine als in der Stadt Neumarkt.

Interpretation | Ein Grund für die deutlich höhere Zahl von Einpersonenhaushalten in der Stadt Neumarkt ist sicherlich, dass hier der Anteil an kleinen Wohnungen größer ist als in der Gemeinde Sengenthal. Dies ist in der Regel generell in Städten häufiger der Fall als in kleineren Kommunen. Dementsprechend scheint bereits aufgrund des Wohnraumangebotes ein Umzug in städtische Gebiete im Alter wahrscheinlicher, als die Übersiedlung in eine ländliche Region. Ein weiterer Grund für die stärkere Ansiedlung älterer Alleinlebender könnte darin bestehen, dass städtische Regionen mit samt ihren Vorteilen (z. B. breites Freizeitangebot, Infrastruktur) besonders attraktiv für alleinstehende Personen sind.

Wohndauer

Die jeweilige Wohndauer kann durchaus als Indikator für die Verbundenheit mit der eigenen Wohnung, bzw. dem Wohnort fungieren. Durch die Angabe der Wohndauer können Rückschlüsse auf den Grad der „Verwurzelung" der Befragten in ihrem Wohnort gezogen werden. Allerdings muss eine lange Wohndauer nicht immer eine Aussage über die Bindung zum Wohnort bedeuten, da der Wohnstandort oftmals auch von finanziellen Gegebenheiten abhängt.

Wohndauer in Jahre		< 5	5 - 10	10 - 30	> 30	schon immer
Wohn-ort	**Stadtgebiet Neumarkt**	17%	8%	23%	40%	11%
	Gemeinde Sengenthal	3%	4%	1%	70%	22%
Gesamt Nennungen absolut		19	11	24	91	27

Tabelle 4: Vergleich zwischen den Wohnorten und der dortigen Wohndauer

Quelle: Eigene Darstellung anhand der SPSS-Daten

Beschreibung | Die Angaben zur Wohndauer im jetzigen Wohnort variieren, wie aus Tabelle 4 ersichtlich wird, deutlich zwischen den Wohnorten. Die Durchschnittswohndauer, beträgt in Neumarkt beim Großteil der Befragten zwischen 10 und 30 Jahren. In der Gemeinde Sengenthal liegt die durchschnittliche Wohndauer bei einem Wert von über 30 Jahren. Während in Neumarkt 11 Prozent schon immer dort wohnen, leben in der Gemeinde Sengenthal mit 22 Prozent doppelt so viele „alteingesessene" BewohnerInnen.

Interpretation | Knapp ein Drittel der 65- bis 85- Jährigen Deutschen wohnt noch immer in ihren Heimatort, ohne jemals außerhalb des aktuellen Wohnorts gelebt zu haben. Ein weiteres Drittel gibt an, bereits seit mindestens vier Jahrzehnten im derzeitigen Wohnort zu leben (vgl. Schelisch 2017, S. 34).

Die im Schnitt vergleichsweise lange Wohndauer im Gemeindebereich Sengent-hal, ist durch das hohe Alter und die geringe Umzugsbereitschaft der Befragten bedingt. Dieses Ergebnis lässt die Vermutung zu, dass sich bei den Befragten im Laufe der Lebensjahre eine zunehmende Verbundenheit (Verwurzelung) mit der aktuellen Wohnung bzw. dem Gemeindebereich entwickelte. Dementsprechend findet man beim Vergleich der Mittelwerte die längste Wohndauerangabe bei den über 80-Jährigen. Darüber hinaus konnte festgestellt werden, dass Personen, die im Eigenheim wohnen, ebenfalls eine längere Wohndauer angegeben haben als SeniorInnen, die in einem Mietverhältnis stehen.

7.3.4 Wohnungszufriedenheit

Beschreibung | Die Auswertung der Daten zur Zufriedenheit mit der Wohnsitua-tion zeigt, dass die Befragten in beiden Erhebungsorten generell sehr zufrieden mit ihrer aktuellen Wohnsituation sind. Im Durchschnitt gaben die Neumarkte-rInnen mit 8,5 eine etwas geringere Zufriedenheit an als die Gemeindebewohne-rInnen, die Ihre Wohnsituation mit durchschnittlich 8,9 Punkten bewertet haben.

In der darauffolgenden Frage des Fragebogens wurden als Gründe für die etwas geringere Bewertung der StadtbewohnerInnen Aspekte wie „Viel Verkehr" und „Hoher Lärmpegel" angegeben. Den SengenthalerInnen fehlt zu vollkommener Zufriedenheit dagegen oft nur eine bessere Infrastruktur und eine altersgerechte Wohnungsausstattung.

Betrachtet man die Angaben geschlechterspezifisch, so lassen sich keine Unter-schiede feststellen. Sowohl 66 Prozent der befragten Männer als auch 66 Prozent der Frauen bewerteten ihre Wohnungszufriedenheit mit einer Punktzahl von 9 oder 10 als sehr positiv. 19 Prozent der über 80-Jährigen gaben einen Skalenwert zwischen 0 und 5 an, was bedeutet, dass sie (eher) unzufrieden mit ihrer aktuel-len Wohnsituation sind. Vergleicht man die Angaben hinsichtlich der Altersgrup-pen, wird deutlich, dass Befragte zwischen 70 und 80 Jahren mit 11 Prozent ihre Wohnsituation als eher negativ empfinden. Bei den unter 70-Jährigen ist für ledig-lich 4 Prozent der Befragten die aktuelle Wohnsituation unzureichend.

Interpretation | Wie angenommen, spielt es bei der Zufriedenheit mit der Wohn-situation eine Rolle, ob die Befragten bereits über einen altersgerecht gestalteten Wohnraum verfügen. 70 Prozent der Befragten, die mit ihrer Wohnung höchstzu-frieden sind, gaben an, in einer vollständig altersgerechten Wohnung zu leben.

Viele Studien konnten einen weiteren Zusammenhang zwischen der objektiven Wohnqualität und dem Grad der Selbstständigkeit im Alter feststellen (vgl. Schenk 2005, S.136). Dies erscheint auch nachvollziehbar, denn wer von vorherin in einer gut ausgestatteten, bzw. angepassten Wohnung lebt, benötigt im Alter weniger schnell Unterstützung im Alltag (z.B. entfällt beschwerliches Treppensteigen). Die Zufriedenheit mit der Wohnsituation wurde in der *Generali Altersstudie 2017* ebenfalls mittels einer Skala von 0 („überhaupt nicht zufrieden") bis 10 („völlig zufrieden") gemessen. Der Durchschnittswert, erreichte dabei mit 8,4 einen etwas niedrigeren Wert als die vorliegende Erhebung mit einer durchschnittlichen Bewertung von 8,7 (vgl. Generali 2017, S.215).

Besonders hoch zeigt sich in der *Generali Studie* die Durchschnittsbewertung von Wohnungs- und HauseigentümerInnen. Daher ist davon auszugehen, dass das Wohnverhältnis ebenfalls zur Zufriedenheit der SeniorInnen beiträgt. Diese Vermutung spiegelt sich ebenfalls bei den Zahlen für Neumarkt und Sengenthal wieder. Die durchschnittliche Angabe der Wohnzufriedenheit bei Wohnungs- und HauseigentümerInnen liegt bei 8,8 und damit etwas höher als die Lebenszufriedenheit von MieterInnen mit 8,2. EigentümerInnen gaben in der Befragung zu 82 Prozent eine Skalenbewertung von 8 oder höher an, wohingegen dies nur 74 Prozent der MieterInnen anführten. Demzufolge sind BesitzerInnen von Wohneigentum zufriedener mit ihrer Wohnsituation als MieterInnen. Der Grund dafür liegt vermutlich auch darin, dass EigentümerInnen mehr Möglichkeiten haben, den Wohnraum an ihre Wünsche und Bedürfnisse anzupassen.

Ebenfalls besteht ein gewisser Zusammenhang zwischen der Wohnzufriedenheit und dem Alter der Befragten: Je älter die TeilnehmerInnen, desto geringer der Mittelwert der Skalenangabe. Befragte der Altersgruppe zwischen 65 und 70 Jahren gaben auf der Skala zu ihrer Wohnsituation durchschnittlich einen Wert von 8,7 an. Am zufriedensten scheinen die 70 bis 75- Jährigen zu sein, sie nennen einen Mittelwert von 8,8. Danach sinken die Durchschnittswerte etwas ab.

Die SengenthalerInnen und NeumarkterInnen zwischen 75 und 80 Jahren geben eine Wohnungszufriedenheit von 8,6 an. Die über 80-Jährigen scheinen mit 8,2 zwar immer noch zufrieden, dennoch weniger glücklich mit ihrer derzeitigen Wohnsituation als die jüngeren Befragten. Damit sind knapp 20 Prozent der 80-Jährigen nicht sonderlich zufrieden mit ihrer Wohnsituation und geben Skalenwerte von unter „5" an. Dies heißt jedoch im Umkehrschluss, dass der Großteil der SeniorInnen, trotz einsetzender Altersproblematiken (z.B. Krankheit, wachsende Zahl an Verlusten) mit den bestehenden Wohnbedingungen eher zufrieden ist, selbst wenn diese die Aufrechterhaltung einer selbstständigen Lebensweise erschweren. In der Literatur wird dieses Phänomen als „Paradoxon des subjektiven Wohlbefindens" bezeichnet (vgl. Perrig–Chiello 2007). Ein möglicher Grund wird in der Vertrautheit gesehen, die die gewohnte Umgebung vermittelt. Ebenfalls gaben 90 Prozent der SeniorInnen, die ihre Wohnzufriedenheitswert hoch bewerteten an, künftig unter allen Umständen weiterhin so wohnen zu wollen wie aktuell. Bei denen die einen niedrigen Skalenwert (5 oder geringer) wählten, wünschen sich dies lediglich 3 Prozent.

7.3.5 Ausstattung der derzeitigen Wohnung/Haus

Von besonderer Relevanz ist auch die Frage, wie die derzeitigen Wohnungen der SeniorInnen im Hinblick auf Barrierefreiheit beschaffen sind. Aus diesem Grund wurden nach der generellen Einschätzung, ob die eigenen Wohnung barrierefrei ist, einige Aspekte einer altengerechten Wohnungsausstattung abgefragt, um daraus Rückschlüsse auf die tatsächliche Beschaffenheit der Wohnungen zu ziehen.

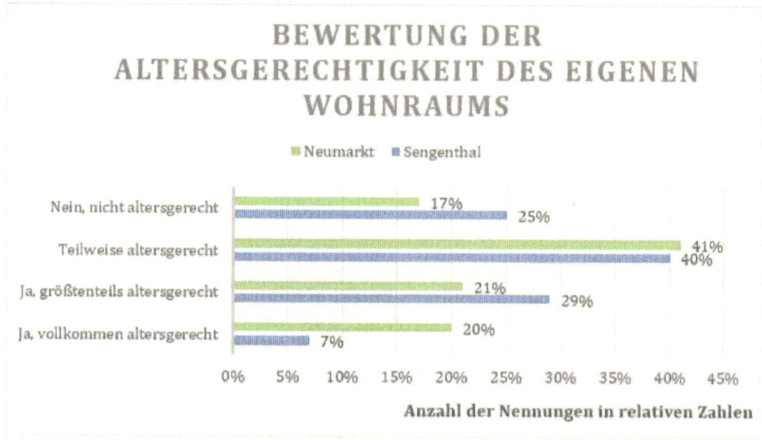

Abbildung 10: Vergleich zwischen den Wohnräumen hinsichtlich Altersgerechtigkeit

Quelle: Eigene Darstellung anhand der SPSS-Daten

Beschreibung | Eine barrierefreie Wohnung bzw. Haus ist eines der wichtigsten Kriterien, um einen möglichst langen Verbleib im eigenen Zuhause zu ermöglichen. Wie aus Abbildung 10 hervorgeht, entsprechen jedoch nur die wenigsten Wohnräume dieser Anforderung. Lediglich 15 Prozent der Befragten bezeichnen ihre Wohnung als vollständig altersgerecht. Dabei unterschieden sich die Erhebungsorte deutlich voneinander: Während in Sengenthal nur 7 Prozent der Meinung sind altersgerecht ausgestattet zu sein, gehen in Neumarkt mehr als doppelt so viele SeniorInnen (20 Prozent) davon aus, altersgerecht zu wohnen.

Interpretation | Betrachtet man Gesamtdeutschland, bezeichnen laut der *Generali* nur 22 Prozent der 65- bis 85-Jährigen ihre Wohnung als vollständig altersgerecht. Weitere 52 Prozent leben teilweise altersgerecht und 24 Prozent geben an, ihre Wohnung werde den Ansprüchen älterer BewohnerInnen überhaupt nicht gerecht (vgl. Generali 2017, S.205ff.).

Die Befragten dieser Umfrage zeigten ein sehr ähnliches Antwortverhalten. Während der Großteil der Befragten (N = 70) angibt über eine teilweise altersgerechte Wohnung zu verfügen, nennen mit N = 25 nur die wenigsten vollständige Altersgerechtigkeit. Diejenigen, die ihre Wohnsituation als nicht altersgerecht deklarierten, sind mehrheitlich EigentümerInnen. Bezüglich der Barrierefreiheit sind 30 Prozent der Befragten der *Generali Altersstudie* der Ansicht, in einem Zuhause ohne jegliche Barrieren zu wohnen. Allerdings weist Heinze (2017, S.217) darauf hin, dass gegebenenfalls dennoch Barrieren vorhandenen sind, die jedoch aufgrund von nur leichten Einschränkungen (noch) nicht als solche wahrgenommen werden. Wolter geht daher davon aus, dass es deutschlandweit nur fünf Prozent sind, denen eine zumindest barrierearme Wohnungen zur Verfügung steht, in der Regel seien dies zudem eher Mietwohnungen (vgl. Wolter 2017, S.67). Es ist daher davon auszugehen, dass auch Personen, die auf Hilfsmittel angewiesen oder pflegebedürftig sind, in unangepassten Wohnungen leben. Aus diesem Grund wurden im Fragebogen unter der Frage 3.2 einige typische Altersbarrieren aufgelistet, deren Ergebnisse in Abbildung 11 dargestellt sind.

Ausstattungsmängel der eigenen Wohnräume

Um festzustellen was die „Stolpersteine" in den jeweiligen Wohnungen und Häuser der SeniorInnen sind, wurde im Fragebogen nach bestimmten Ausstattungsmerkmalen gefragt.

Beschreibung | Eine barrierefreie Wohnung bzw. ein barrierefreies Haus kann den Wunsch vieler SeniorInnen unterstützen, um möglichst lange zuhause wohnen bleiben zu können. Wie aus Abb. 11 hervorgeht, entsprechen jedoch nur die wenigsten Wohnräume dieser Anforderung. Es wurden typische Ausstattungsmerkmale von Wohnräumen, die im Alter zu Problemen führen, wie Treppen im Haus, Treppen vor dem Haus, rutschige Fliesen, Türschwellen und ein hoher Dusch- oder Wanneneinstieg als Antwortmöglichkeiten aufgelistet.

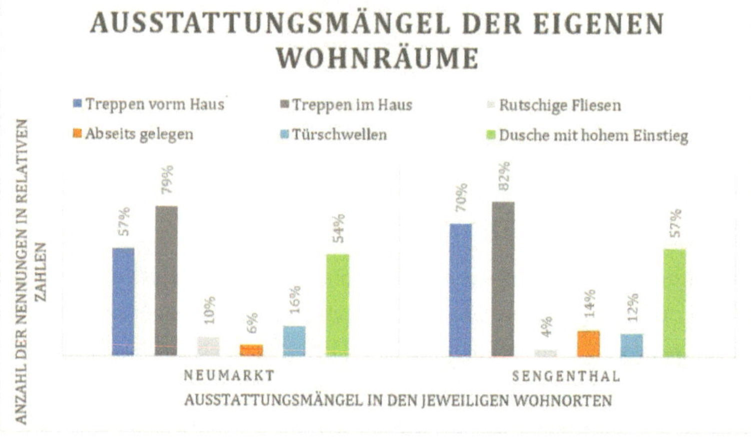

Abbildung 11: Ausstattungsmängel im Wohnraum nach Wohnorten

Quelle: Eigene Darstellung aus den SPSS-Daten

Die mit 139 Nennungen am häufigsten erfasste Barriere, sind bei den Befragten Treppen innerhalb des Wohnhauses. Vor allem im Gemeindebereich sind Treppen im Haus ein Problem (82% vs. Neumarkt: 79%). An zweiter Stelle folgen Treppen vor dem eigenen Haus. Diese nannten insgesamt 108 Befragte (Sengenthal: 70%, Neumarkt: 57%). Mit 96 Nennungen ein ebenfalls großes Problem, stellt eine „Dusche/ Badewanne mit hohem Einstieg" dar (Sengenthal: 57%, bzw. Neumarkt: 54%).

Interpretation | Die altersgerechte Ausstattung der Seniorenhaushalte erscheint teilweise äußerst ungenügend. Aufgrund der erheblichen Barrieren ist davon auszugehen, dass diese Wohnräume bzw. vor allem die Eigentumshäuser für Anpassungsmaßnahmen eher weniger geeignet sind oder zumindest einen großen Aufwand erfordern würden. Wie vermutet, weist die Mehrheit der SeniorInnen, die angeben in einer barrierefreien Wohnung zu leben (52%), eine relativ kurze Wohndauer in dieser auf (unter 5 Jahre). Grund hierfür ist vermutlich vor allem, dass die Betroffenen bewusst eine altengerechte Wohnung gewählt haben und, dass heutzutage ohnehin stärker auf eine barrierefreie Bauweise geachtet wird. Auffällig ist zudem, dass die Frage „Ist ihre Wohnung altersgerecht ausgestattet?" häufig mit „ja" oder „ja, zum größten Teil" beantwortet wurde, zugleich jedoch in der darauffolgenden Frage „Mein Haus ist/hat ..." bei der Auflistung von Ausstattungsmängeln fast überall mehr als zwei Kreuze zu finden waren. Dieser Widerspruch lässt darauf schließen, dass die objektiven Ausstattungsmängel von den

SeniorInnen (noch) nicht als Beeinträchtigungen wahrgenommen werden. Dementsprechend wurde auch eine relativ hohe Wohnzufriedenheitsquote mit durchschnittlich 8,7 von 10 Punkten angegeben. Ein solches „Paradox des subjektiven Wohlbefindens", welches unter Kapitel 6.3.4 bereits genauer beschrieben wurde, führt dazu, dass sich die über 65- Jährigen mit offensichtlichen Ausstattungsmängeln zufriedengeben und durch andere verfügbare Ressourcen (z.B. eine finanziell gute Lage, soziale Kontakte) zu kompensieren versuchen (vgl. Voges & Zinke 2010, S. 304). Die *Gewöhnungs-* oder auch Anpassungstheorie geht außerdem davon aus, dass Ältere ihren Lebensstil an die Wohnverhältnisse samt ihren Mängeln anpassen (vgl. ebd.). Das heißt, dass Frau Meier die fünf Stufen vor ihrem Haus möglicherweise nicht mehr als Hindernis sieht, sondern als tägliches Bewegungstraining deklariert. Deutschlandweit haben mehr als 75 Prozent der über 65-Jährigen als Zugangsbarriere zur eigenen Wohnung mindestens eine Stufe zu bewältigen. Aufzüge, Treppenlifte oder Rampen sind bislang kaum vorhanden (vgl. Schelisch 2016, S. 36). Auch in der vorliegenden Umfrage stellen Treppen im sowie vor dem Haus die größte Hürde für die Befragten dar.

Wohnfläche

Die verfügbare Wohnfläche liegt im Schnitt bei 4 oder mehr Zimmern (siehe Tab. 5). Vor allem die GemeindebewohnerInnen geben an, dass ihnen mehr als fünf Räume zur Verfügung stehen. Dieses Resultat lässt sich mit dem Ergebnis in Verbindung bringen, dass die SengenthalerInnen häufiger als die Befragten aus Neumarkt schon mindestens 30 Jahre im Ort und im Eigentum wohnen. Nachdem die Kinder eine eigene Familie gegründet haben und ausgezogen sind, bleiben die Eltern in einem dann viel zu großen Eigenheim zurück.

Verfügbare Räume		**1-2**	**3-4**	**4-5**	**mehr als 5**
Be-fragte	**Stadtgebiet Neu-markt**	7%	33%	33%	26%
	Gemeinde Sengent-hal	1%	18%	23%	58%
Absolute Zahlen gesamt		8	46	50	68

Tabelle 5: Anzahl der Zimmer im aktuellen Wohnsitz der Befragten

Quelle: Eigene Darstellung anhand der SPSS-Daten

7.3.6 Freizeit und soziale Kontakte

In diesem Abschnitt sind die Daten der Erhebung zu den Freizeitaktivitäten und den sozialen Kontakten dargestellt.

Beschreibung | Die intrinsische Motivation zu Teilhabe sowie die Freizeitgestaltung ändern sich mit zunehmenden Alter (vgl. Haefker & Tielking 2017, S.202). Aus aktiven Beschäftigungen (z.B. Einkaufen oder Ausflüge) werden passivere (z.B. Gartenarbeit oder Spaziergänge). Im Zuge der sich wandelnden Bedürfnisse ändert sich auch die Erwartungshaltung gegenüber Freunden (v.a. jüngeren) und der Familie (vgl. ebd.). Hat beispielsweise Frau Meier vor zwei Jahren noch von ihren NachbarInnen erwartet, dass sie nur gemeinsam etwas unternehmen, so ist sie jetzt froh auch einmal aussetzen zu können, um sich zu erholen.

Vereinsmitgliedschaft		Ja, in einem	ja, in mehreren	ja, aber nicht mehr aktiv	Nein
Wohnort	**Neumarkt**	27%	33%	18%	21%
	Sengenthal	30%	33%	8%	29%
Absolute Zahlen gesamt		49	57	24	42

Tabelle 6: Darstellung der Vereinsmitgliedschaft der Befragten

Quelle: Eigene Darstellung anhand der SPSS-Daten

Von den insgesamt 172 SeniorInnen sind 130 Befragte Mitglied in einem Verein. Die meisten der Vereinsmitglieder sind in einem Sportverein aktiv (Sengenthal 25; Neumarkt 28). An zweiter Stelle steht ein ehrenamtliches Engagement mit 48 Nennungen (Sengenthal 20; Neumarkt 26) und Tätigkeiten generell im sozialen Bereich (8, bzw. 25). Kulturelle Vereine und Organisationen zum Naturschutz wurden ebenfalls insgesamt 32 (Sengenthal 8; Neumarkt 24), beziehungsweise 28 Mal (Sengenthal 18; Neumarkt 10) genannt.

Interpretation | Auffällig bei den Ergebnissen des Gemeindebereichs Sengenthal erscheint, dass vor allem die Vereinsbereiche hoch ausfallen, die ortsansässig sind. Der Gemeindebereich verfügt über mehrere Vereine, darunter fallen zwei größere und mehrere kleinere Sportvereine, den Obst-und Gartenbauverein, die jeweiligen Freiwilligen Feuerwehren, Krieger- und Jagdvereine und die Kolpingfamilie. Die Aufzählung der genannten Vereine entspricht in abfallender Weise der momentanen Mitgliederzahl. In allen Kategorien, die einen gemeindeansässigen Sitz haben (Sport, Ehrenamt, Natur), sind die Werte ähnlich zu denen der

Stadt Neumarkt. In der Gemeinde gibt es keinen formellen sozialen Verein, jedoch eine informell organisierte, ehrenamtliche Nachbarschaftshilfe.

Kontakthäufigkeit zu Freunden und Bekannten

In Frage 4.3 wurde die Häufigkeit abgefragt, mit der die SeniorInnen ihre Bekannten und Freunde sehen.

		Jeden Tag	Mehrmals die Woche	Einmal die Woche	Mehr mals im Monat	Seltener als einmal im Monat	Nie / keine Bekannte
Wohnort	**Neumarkt**	8%	40%	17%	21%	6%	7%
	Sengenthal	3%	27%	20%	37%	11%	1%
Absolute Zahlen gesamt		10	60	32	48	14	8

Tabelle 7: Angaben zur Kontakthäufigkeit der Befragten Bekannten nach Wohnorten

Quelle: Eigene Darstellung anhand der SPSS-Daten

Die Zufriedenheit mit der Anzahl der Kontakte wurde anhand einer 11-stufigen Likert-Skala abgefragt. Im Schnitt zeigen sich die befragten SeniorInnen in der Stadt Neumarkt mit einem Durchschnittswert von 7,2 etwas zufriedener mit ihren sozialen Kontakten als die SengenthalerInnen (6,8). Vorab wurde die Hypothese aufgestellt, dass der Wert für die Gemeinde Sengenthal deswegen höher ausfällt als der der Stadt Neumarkt, weil sich die BewohnerInnen in der Dorfgemeinschaft untereinander kennen und häufiger Kontakt herrscht. Entgegen dieser Erwartung fällt der Wert im ländlichen Bereich niedriger aus als im städtischen. Dies kann möglicherweise mit der mangelnden Anbindung an die Infrastruktur begründet werden. Unter Umständen fehlt den SengenthalerInnen auch eine „feste" Räumlichkeit, die ihnen zum Austausch zur Verfügung steht (vgl. Kapitel Verbesserungswünsche 6.3.11).

In der Umfrage wurde die generelle Zufriedenheit mit den eigenen sozialen Kontakten erhoben. 23 Prozent der NeumarkterInnen und 27 Prozent der Sengenthaler GemeindebürgerInnen bewerteten dieses Item mit 10 von 10 Punkten. Betrachtet man den Median, der in Neumarkt 7,21 und 6,8 in Sengenthal beträgt, stellt man fest, dass die GemeindebewohnerInnen im Durchschnitt etwas unzufriedener mit ihrem Sozialleben sind.

In der Literatur wird ein geschlechtsspezifischer Unterschied bei der Anzahl sozialer Kontakte im Alter genannt: Der Freundeskreis bei Seniorinnen ist (wie auch in jeder anderen Altersgruppe) größer, enger und unterstützender als bei Männerfreundschaften (vgl. Berner, Mahne, Wolff & Tesch-Römer 2017, S. 387). In den hier untersuchten Erhebungsorten haben ebenfalls tatsächlich Frauen mit 27 Prozent häufiger den Skalenwert 10 bei der *Zufriedenheit mit ihren sozialen Kontakten* gewählt als Männer (21 Prozent).

Laut Schelisch ist jede/r Neunte zwischen 65 und 85 Jahren eher unzufrieden mit seiner Einbindung in gesellschaftliche Netzwerke und wünscht sich mehr soziale Kontakte (vgl. Schelisch 2016, S. 44). In der Befragung zwischen Neumarkt und Sengenthal sind mit 19 Prozent sogar insgesamt 33 Befragten (eher) unzufrieden mit der Anzahl ihrer Kontakte. Diese wählten dementsprechend Skalenwerte unter „5 = neutral" (weiblich: 54 % und männlich: 46 %).

7.3.7 Familiäre Situation

Unter Abschnitt 5 wurden im Fragebogen Daten zur familiären Situation erhoben. Dadurch soll überprüft werden, wie die innerfamiliären Strukturen der Befragten in Sengenthal und Neumarkt beschaffen sind und wie stark die Familienbindung der SeniorInnen ausgeprägt ist.

Beschreibung | Zur Erhebung der familiären Situation wurde zunächst erfragt, ob und wie viele Kinder die TeilnehmerInnen haben. Sofern dabei die erste Frage mit „Ja" beantwortet wurde, wurden die Befragten gebeten anzugeben, wo die Kinder derzeit wohnen. Dafür wurden verschiedenen Kategorien vorgegeben. Es konnte zwischen den Antwortmöglichkeiten „Gemeinsam in einem Haus", „Im selben Ort", „Im selben Landkreis", „Weniger als 50 km entfernt", „50 bis 100 km entfernt" oder „Mehr als 100 km entfernt" gewählt werden. Im Anschluss daran wurden die SeniorInnen gebeten die *Wichtigkeit des Kontaktes zu den eigenen Kindern* auf einer Skala von 0 („unwichtig") bis zu 10 („extrem wichtig") zu bewerten. Insgesamt gaben N = 157 der Befragten an, mindestens ein Kind zu haben (Neumarkt: 91,9 %, Sengenthal: 91,8 %). Bei 64,5 Prozent der Befragten lebt mindestens ein Kind im Ort oder im selben Landkreis wie die SeniorInnen selbst (vgl. Tab. 8).

		Gemein-sam im Haus	Im selben Ort	Im selben Land-kreis	< 50 km ent-fernt	50-100 ent-fernt	> 100km ent-fernt
Woh nort	**Neu-markt**	16%	25%	18%	6%	7%	18%
	Sen-genthal	18%	34%	19%	8%	5%	7%
Absolute Zahlen gesamt		29	50	32	12	11	23

Tabelle 8: Angaben zum Wohnort der Kinder der Befragten SeniorInnen

Quelle: Eigene Darstellung anhand der SPSS-Daten

Der Großteil der Befragten gab auf beiden Skalen sehr hohe Werte an. Daraus resultiert ein überaus hoher Durchschnittswert bei der Bewertung der Wichtigkeit des Kontakts zu den eigenen Kindern (Neumarkt: 9,2; Gemeinde Sengenthal: 9,3).

Da vor allem Enkelkindern bei älteren Personen einen hohen Stellenwert einnehmen, wurde mit demselben Procedere unter der *Frage 5.4* auch nach der *Wichtigkeit des Kontaktes zu den EnkelInnen* erhoben. Mit N = 131 gaben 76,2 Prozent der Befragten an, mindestens ein Enkelkind zu haben (Neumarkt: 72,7 %, Sengenthal: 80,8 %). Im Durchschnitt haben die Befragten 3,57 Enkelkinder. Die *Wichtigkeit des Kontakts* zu ihnen wurde mit durchschnittlich 9,4 von 10 in Neumarkt und 9,5 in Sengenthal bewertet.

Interpretation | Im *Deutschen Alterssurvey* gaben mehr als 80 Prozent der Eltern über 65 Jahre an, mindestens einmal wöchentlich (zumindest telefonischen) Kontakt zu ihren Kindern zu haben (vgl. Berner, Mahne, Wolff & Tesch-Römer 2017, S. 387). Von etwa der Hälfte der dort Befragten wohnt mindestens ein Kind im selben Wohnort wie der/die Befragte selbst (vgl. Schelisch 2016, S.30).

Aus der Umfrage von Neumarkt und Sengenthal ergeben sich ähnliche Werte. Bei den NeumarkterInnen geben 45 Prozent an, entweder gemeinsam mit den Kindern im Haus, oder zumindest im selben Ort wie diese zu wohnen. Im Gemeindebereich liegt diese Zahl mit 57 Prozent nochmal höher. Mit zunehmendem Alter steigt die persönliche Kontakthäufigkeit zu den Kindern meist an. Schelisch stellte dementsprechend fest, dass ein Drittel der über 65- Jährigen die eigenen Kinder täglich oder zumindest fast täglich sieht (vgl. Schelisch 2016, S. 42). Aus seinen Ergebnissen konnte er ableiten, dass Müttern dieser Kontakt mehr bedeutet als Vätern. Dieser Geschlechterunterschied findet sich auch beim Kontakt zu den Enkelkindern. In seiner Untersuchung gaben 31,2 Prozent der Großmütter an, ihre Enkelkinder mindestens einmal wöchentlich zu sehen. Bei den Großvätern, denen der Kontakt etwas weniger wichtig scheint, sind es 25,2 Prozent (vgl. ebd.).

In der hier vorliegenden Vergleichserhebung zwischen Neumarkt und Sengenthal fielen die Ergebnisse zur *Wichtigkeit des Kontaktes zu den eigenen Kindern* entsprechend den Daten von Schelisch aus. Anhand der durchschnittlichen Angabe von 9,4 von 10 in Neumarkt und 9,5 in Sengenthal zeigt sich, dass den SeniorInnen der Kontakt zu den Enkelkindern extrem wichtig ist und sogar nochmal höher bewertet wird als die Beziehung zu den eigenen Kindern. Nicht bestätigt werden kann bei dieser Thematik, dass (Groß-)Müttern die Beziehung zu Kindern und Enkelkindern wichtiger ist, als den befragten Männern. Beide Geschlechter bewerteten die Beziehung in gleicherweise hoch, wobei (Groß-)Vätern die Wichtigkeit der Beziehung zu den Kindern und Enkelkindern mit 9,38, bzw. 9,37 sogar minimalst höher bewerteten als die befragten Frauen (9,16 bzw. 9,34).

7.3.8 Finanzielle Ressourcen

Die Frage nach den finanziellen Ressourcen der SeniorInnen wurde im Fragebogen bewusst weiter hinten und nicht als offene Frage gestellt, um die TeilnehmerInnen nicht von Beginn an abzuschrecken.

Beschreibung | Die finanzielle Situation der SeniorInnen spielt insofern eine wichtige Rolle, als dass künftige Wohnwünsche nur verwirklicht werden können, wenn sie auch bezahlbar sind. Als „Einkommen" zählt neben der Rente auch Einnahmen aus Mieten oder Nebenbeschäftigungen. Hinsichtlich der Daten zur finanziellen Lage ergab sich, dass die SeniorInnen in der Gemeinde Sengenthal etwas besser gestellt sind, als die Befragten in der Stadt Neumarkt. 53 Prozent der SengenthalerInnen verfügen über ein monatliches „Einkommen" von über 1500 Euro, wohingegen in Neumarkt nur 43 Prozent diese finanziellen Mittel erzielen. Am unteren Ende unterscheiden sich die Wohnorte kaum: Über ein „Einkommen" von unter 500 Euro verfügen in beiden Erhebungsorten etwa 4 Prozent der TeilnehmerInnen.

Große Unterschiede sind dagegen im Geschlechtervergleich erkennbar. Bei den Befragten geben wohnortübergreifend Männer ein höheres Einkommen als Frauen an. Die genauen Zahlen sind aus Abbildung 12 zu entnehmen.

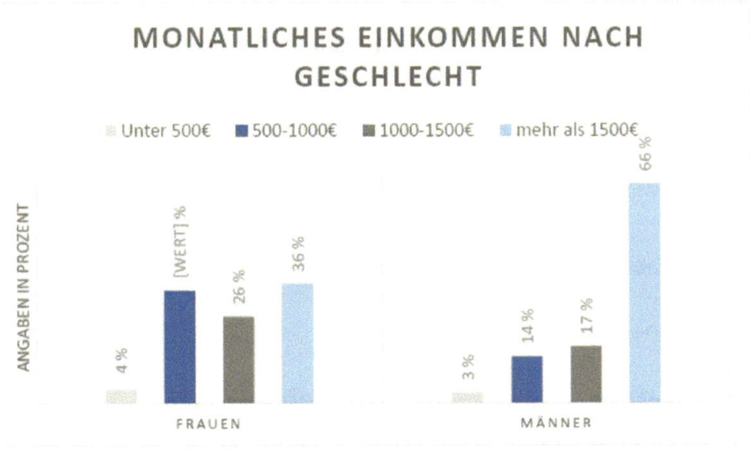

Abbildung 12: Einkommensverteilung der Befragten nach Geschlechtern

Quelle: Eigene Darstellung anhand der SPSS-Daten

Interpretation | In der Korrelation ergab sich über die Gruppen hinweg ein kleiner, signifikanter Zusammenhang der Variablen *Geschlecht* und *Einkommen* (χ^2 = 0.28, $p < 0.001$). Senioren scheinen finanziell besser gestellt zu sein als Seniorinnen. Nur 17 Prozent der befragten Männer gaben an, dass sie weniger als 1.000 Euro monatlich zur Verfügung haben. Bei den Frauen liegt dieser Anteil mit 38 Prozent mehr als doppelt so hoch. Mögliche Gründe dafür könnten sein, dass Männer zum einen häufiger ein höheres Gehalt und daher eine höhere Rente erhalten als Frauen. Zum anderen, weisen Frauen aufgrund von Mutterschaft und Haushaltsführung häufiger Lücken in ihrer Erwerbsbiografie auf.

Hinsichtlich der Altersverteilung zeigt sich, dass vor allem die 65- bis 70-Jährigen angaben über monatliche Ressourcen von mehr als 1.500 Euro zu verfügen. Das hängt vermutlich damit zusammen, dass diese Gruppe in vielen Fällen noch einem (Neben-) Erwerb nachgeht und dementsprechend über mehr Einkommen verfügt.

Wohnkosten

Die derzeitigen Mietkosten für die Durchschnittswohnfläche von 75 qm betragen in Deutschland im Schnitt 630 Euro zzgl. Nebenkosten. Diese hohen Kosten bezeichnen jedoch nur 44 Prozent der Befragten als angemessen (ebd., S.208; Voges & Zinke 2010, S. 303).

Beschreibung | In der Literatur finden sich Hinweise, dass WohneigentümerInnen finanziell besser gestellt sind als MieterInnen. Um dieser Annahme besser nachgehen zu können, wurden zusätzlich die Ausgaben für das Wohnen erhoben. Diese umfassen sowohl Miet- als auch sämtliche Nebenkosten.

Ausgaben in Euro:		unter 300	unter 500	500-700	700-1000	1000
Wohnort	Neumarkt	30%	37%	22%	9%	1%
	Sengent-hal	63%	20%	10%	7%	0%
Absolute Zahlen ge-samt		76	52	29	14	1

Tabelle 9: Kosten für Miete und Wohnen der Befragten

Quelle: Eigene Darstellung anhand der SPSS-Daten

Interpretation | Bei Personen die im Wohneigentum leben entfallen die zum Teil hoch ausfallenden Mietkosten. Da vor allem in der Gemeinde Sengenthal der Großteil der Befragten im Eigentum wohnt, zahlen hier 63 Prozent der Befragten lediglich die Nebenkosten. Weil sich diese im Normalfall auf unter 300 Euro monatlich belaufen, ist bei den SengenthalerInnen hier der höchste Wert anzutreffen.

Betrachtet man die Ausgaben für das Wohnen für Neumarkt liegen die mehrheitlich genannten Werte zwischen 500 und 700 Euro. Es kann weiterhin davon ausgegangen werden, dass vor allem die Mieten pro Quadratmeter in der Stadt Neumarkt höher ausfallen, als in der Gemeinde Sengenthal.

7.3.9 Gesundheit

Im Themenblock „Gesundheit" wird der Ist-Zustand bezüglich der Gesundheit der teilnehmenden SeniorInnen thematisiert. Dadurch kann ein Eindruck davon gewonnen werden, wie die gesundheitliche Situation der BewohnerInnen der Gemeinde Sengenthal und der Stadt Neumarkt derzeit ausfällt.

Beschreibung | Der Gesundheitszustand ist vor allem im höheren Lebensalter einer der wichtigsten Indikatoren für alle Lebensbereiche und wirkt sich auf die Zufriedenheit, die Lebensqualität und viele weitere Aspekte aus. Der natürliche Alterungsprozess verändert nicht nur unser optisches Erscheinungsbild, sondern wirkt sich auch auf unsere körperliche und geistige Verfassung aus. Durch die abnehmende Mobilität schrumpfen Teilhabemöglichkeiten und soziale Netzwerke. Die Mehrheit der älteren Personen ist von mindestens einer Erkrankung betroffen. Die Daten des deutschen Alterssurveys zeigen, dass 40 Prozent der über 70-

Jährigen mindestens eine chronische Erkrankung haben. Die Hälfte dieser Personen gab sogar an, an fünf oder mehr Erkrankungen zu leiden (Multimorbidität) (vgl. Schelisch 2016, S.27). In der Umfrage wurde im siebten Abschnitt nach der Einschätzung der persönlichen gesundheitlichen Situation gefragt. Zur Auswahl standen fünf Antwortmöglichkeiten, die von „sehr schlecht" bis „ausgezeichnet" reichen.

Gesundheitszu-stand		Sehr schlecht (1)	Weni-ger gut (2)	Gut (3)	Sehr gut (4)	Ausge-zeichnet (5)
Woh-nort	Neu-markt	2%	35%	48%	13%	1%
	Sen-genthal	1%	31%	56%	11%	0%
Absolute Zahlen gesamt		3	58	89	21	1

Tabelle 10: Ergebnisse zur Frage nach dem eigenen Gesundheitszustand

Quelle: Eigene Darstellung anhand der SPSS-Daten

Interpretation | Die Befragten in beiden Ortschaften gaben im Schnitt einen Gesundheitszustand zwischen „weniger gut" und „gut" an (2,76). Mehrheitlich wurde die mittlere Option „gut" gewählt. Insgesamt bewerteten 35 Prozent der befragten SeniorInnen ihren Gesundheitszustand als „sehr schlecht" oder „weniger gut". Ähnliche Daten erhielt man bei der Auswertung des deutschen Alterssurveys: Etwa 25 Prozent der Befragten zwischen 60 und 85 Jahren bewerteten dabei ihren Gesundheitszustand als „schlecht" oder „sehr schlecht" (vgl. Mahne et al. 2017, S.122).

Bei der genauen Analyse der Befragung zwischen Neumarkt und Sengenthal wurden die Werte der Geschlechter einander gegenübergestellt. Bei diesem Vergleich fällt auf, dass Frauen ihren Gesundheitszustand mit 2.83 etwas besser angeben als Männer mit einem durchschnittlichen Wert von 2.65. Die Angabe zum Gesundheitszustand wurde zudem mit der Variable „Geburtsjahr" korreliert. Auf Basis der erhobenen Daten wurde ein minimaler, jedoch signifikanter Zusammenhang dieser Variablen errechnet (0.249, $p < 0.001$). Ebenfalls zum gesundheitlichen Zustand zählt die Nutzung von medizinischen Hilfsmitteln.

Hilfsmittel und Unterstützungsleistungen

Bei der Konzeption des Fragebogens wurde miteinkalkuliert, dass vermutlich nur ein geringer Anteil der Personen im Augenblick Hilfsangebote nutzt. Da jedoch die Verwendung von Hilfsmitteln Aufschluss über die gesundheitliche Situation gibt, wurden die befragten SeniorInnen nicht nur gebeten, ihre aktuell verwendeten Hilfsmittel zu nennen, sondern auch anzugeben, welche Angebote sie sich zusätzlich noch wünschen würden.

Beschreibung | Durch die Nutzung von Hilfsmitteln kann der Verbleib in den eigenen vier Wänden oftmals verlängert werden. Daher wurde, ebenfalls unter dem siebten Abschnitt, etwaige Hilfsmittel erfragt. Die Ergebnisse sind in der nachfolgenden Tab. 11 dargestellt.

Hilfsmittel	Neumarkt	Sengenthal
Gehhilfe	18%	12%
Treppenlift	3%	0%
Anziehhilfe	4%	3%
Spezielles Bett	6%	3%
Ebenerdige Dusche	16%	15%
Pflegeleistung	6%	5%
Haltegriffe	12%	7%
Seh- oder Hörhilfe	49%	42%
Haushaltshilfe, Pflegedienst	7%	5%
Unterstützung durch Angehörige	19%	16%
Hausnotruf	5%	1%

Tabelle 11: Darstellung der Hilfsmittel der BewohnerInnen der Erhebungsorte

Quelle: Eigene Darstellung anhand der SPSS-Daten

Interpretation | 18 Prozent der gesamten Befragten geben an bereits von Angehörigen unterstützt zu werden. Es ist davon auszugehen, dass diese Zahl in Wirklichkeit noch höher liegt, da die Befragten diese Hilfe nicht als „Unterstützung" im Sinne eines Hilfsmittels wahrgenommen haben. Unter die Unterstützung durch Angehörige fallen nicht nur pflegerische Tätigkeiten, sondern auch Fahrdienste, Besorgungen oder auch Haushaltsdienste. Knapp 16 Prozent der teilnehmenden SeniorInnen geben an eine Gehhilfe zu nutzen. Dieser Aspekt ist vor allem für den Städtebau und die Kommunen nicht unwichtig: Öffentliche Plätze, Gehwege und zentrale Gebäude müssen auch mit Rollatoren oder Rollstühlen ohne Probleme erreichbar sein (z.B. ohne Kopfsteinpflaster).

Ein Vergleich zu den Daten der Alterssurvey zeigt, dass dort jede/r Achte angab, im Alltag eine Gehhilfe (z.B. Rollator, Stock, Rollstuhl) zu benötigen. Betrachtet man die Gruppe der Hochbetagten, benötigt jede/r Dritte Hilfsmittel zur Aufrechterhaltung der Mobilität (vgl. Schelisch 2016, S.28). Die Frage nach einem Hausnotruf bejahten in der *Generali* ebenfalls nur 6 Prozent der Befragten. Über ein Drittel davon hatte einen bestehenden Pflegegrad (vgl. Generali 2017, S. 209). Ein Grund für die geringe Nutzung ist möglicherweise, dass viele der älteren Personen davon ausgehen, im Notfall genauso gut über das Telefon Hilfe rufen zu können (vgl. Heinze 2017, S. 224).

Im Fragebogen wurden, analog zu den Vorschlägen aus Tabelle 11, potenzielle Wunschhilfsmittel der SeniorInnen erfragt. Insgesamt wünschen sich 35 Befragte eine ebenerdige Dusche, 19 Personen Haltegriffe, 15 Befragte eine Haushaltshilfe und 14 SeniorInnen einen Treppenlift. Alle weiteren Hilfsmittel erhielten lediglich zwischen einer und zehn Nennungen. Auffällig erscheint, dass die häufigsten Wunschhilfsmittel beinahe allesamt Ausstattungsmerkmale altersgerechter und barrierefreier Wohnräume sind.

7.3.10 Künftige Wohnsituation

Nachdem im vorherigen Abschnitt Informationen zur derzeitigen Wohnsituation erhoben wurden, geht es in diesem Themenblock darum, den „Soll-Zustand" zu ermitteln. Dabei wird untersucht, welche Wünsche und Vorstellungen die befragten SeniorInnen im Hinblick auf die zukünftige Wohn- und Betreuungssituation haben.

Mögliche Umzugsgründe

Unter der Frage 3.4 des Fragebogens wurden Gründe erfragt, welche die SeniorInnen zum Zeitpunkt der Umfrage zu einem Umzug zwingen könnten.

Beschreibung | Da die TeilnehmerInnen bei dieser Frage mehrere Antworten auswählen konnten, liegt die Zahl der Gesamtantworten mit N=255 höher als die Teilnehmerzahl (N=172). Die Ergebnisse der Umzugsgründe sind in Abbildung 13 dargestellt.

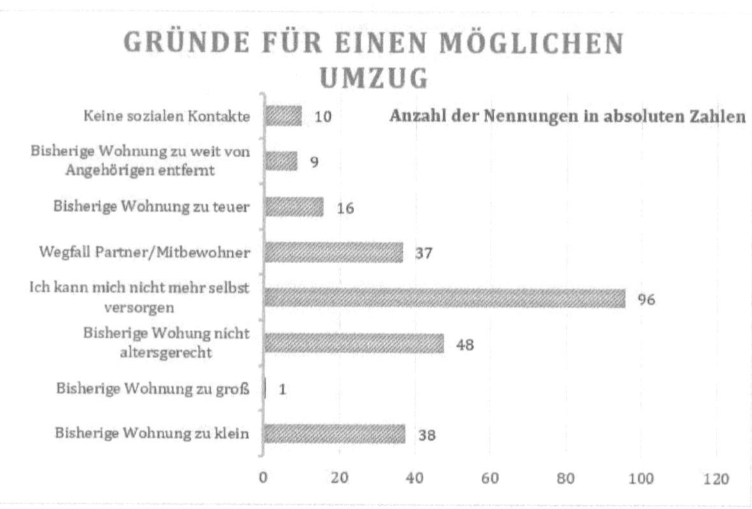

Abbildung 13: Beweggründe der Befragten für einen Umzug im Bedarfsfall

Quelle: Eigene Darstellung anhand der SPSS-Daten

Interpretation | Backes und Clemens fanden heraus, dass der Umzug in die Nähe der Kinder oder in eine attraktivere Wohngegend die häufigsten Beweggründe für einen Wohnungswechsel im Alter sind (vgl. Backes & Clemens 2013, S.255f.). Die SeniorInnen in Neumarkt und Sengenthal hingegen nannten mit 56 Prozent am häufigsten den *Wegfall der Selbstversorgung* als Hauptgrund für einen Umzug (siehe Abb. 13). Auch unangepasste Altersgerechtigkeit ist für 30 Prozent der BürgerInnen ein wesentlicher Faktor. An dritter Stelle folgen mit jeweils 22 Prozent der Gesamtnennungen mangelnde Größe und die fehlende Nähe zu den Kindern/Angehörigen im aktuellen Wohnraum. Mit nur einem halben Prozentpunkt weniger ist auch der Wegfall des Partners oder Mitbewohners für die Stichprobe ein relevanter Faktor, der einen Umzug begünstigen könnte. Kaum eine Rolle spielen hingegen Gründe wie: Aktuelle Wohnung *„zu groß"* (1 Nennung), *„zu teuer"* (16 Nennungen) oder *„keine sozialen Kontakte"* (10 Nennungen). Die individuellen Beweggründe ergeben sich nicht zuletzt anhand der aktuellen Lebenssituation und der persönlichen Wunsch-Wohnvorstellung. Einige der Fragebögen enthielten neben dieser Frage Bemerkungen wie „Nur im äußersten Notfall" oder „Kein Grund – ich werde zuhause wohnen bleiben". Derartige Aussagen zeigen nochmals auf, wie stark der Wunsch danach ist, den Lebensabend im vertrauten Zuhause zu verbringen.

Wunsch- Wohnstandort

Im Fragebogen widmet sich das Kapitel acht der künftigen Wunsch-Wohnsituation der Befragten. Zu Beginn des Themenblocks wurde nach dem Wunschstandort des künftigen Wohnsitzes gefragt. Dafür wurden drei Antwortmöglichkeiten vorgegeben. Erwartungsgemäß die meisten Nennungen mit insgesamt N=146 erhielt das Item „Weiterhin am jetzigen Wohnort" (in Neumarkt 83,8%, bzw. in Sengenthal 86,3%). Knapp 13 Prozent der Befragten wollen lieber näher zur Innenstadt wohnen, davon 14 Prozent der NeumarkterInnen und 11 Prozent der SengenthalerInnen.

Wunsch-Ausstattung des Wohnraums und des Wohnumfelds

Als Hauptanforderung an den künftigen Wohnort und dessen Umfeld stellen die SeniorInnen vor allem Barrierefreiheit. Die genauen Ergebnisse sind in Abbildung 14 dargestellt.

Beschreibung | Die BewohnerInnen beider Erhebungsorte sind sich bei den Top Fünf der Anforderungen vollständig einig. Am Wichtigsten ist für N=122 SeniorInnen die barrierefreie Ausstattung sowohl ihres eigenen Wohnraums, als auch des Wohnumfeldes. Dazu zählt auch eine gute Anbindung an den öffentlichen Nahverkehr, um wesentliche Einrichtungen, wie Arztpraxen, Banken oder Versorgungszentren unproblematisch zu erreichen. Bei den Befragten aus der Gemeinde nimmt dieser Aspekt mit N=52 Stimmen sogar einen höheren Stellenwert ein als die Barrierefreiheit (N=48). Ein gutes soziales Umfeld und das Vorhandensein eines Balkons, beziehungsweise einer Terrasse, sowie nahegelegene Unterstützungsangebote sind ebenfalls Kriterien, die SeniorInnen gerne an ihrem Alterswohnsitz vorfinden möchten.

Abbildung 14: Anforderungen an das künftige Wohnen und das Wohnumfeld

Quelle: Eigene Darstellung anhand der SPSS-Daten

Vorstellungen über die künftige Wohnform im Bedarfsfall

Unter der Frage 8.3 des Fragebogens konnten die Befragten angeben, welche Art des Wohnens sie sich jeweils für sich selbst vorstellen könnten, sobald sich ihre gesundheitliche Situation verschlechtert. Dafür konnten verschiedenen Alternativen ausgewählt werden.

Beschreibung | Es gibt ein breitgefächertes Wohnangebot für ältere Menschen, die bereits im Kapitel 4 vorgestellt wurden. Im Fragebogen wurden alle dort beschriebenen Alternativen genannt und konnten von den Befragten, sofern die jeweilige Wohnform für sie in Frage kommt, angekreuzt werden. Die beliebteste Art im Alter zu wohnen, ist mit 35,5 Prozent nach wie vor das Wohnen in der *eigenen Wohnung* oder dem eigenen Haus („weiterhin so wie jetzt"). Ein wenig favorisiertes Modell scheint das *Wohnen bei oder mit den Kindern* zu sein. Obwohl 92 Prozent der Befragten Kinder haben, können sich lediglich 14 Prozent vorstellen, bei diesen zu wohnen, sobald sich ihre gesundheitliche Situation verschlechtert. 54 Befragte können sich mit einem Umzug in eine *Betreute Wohneinrichtung* arrangieren und weitere 47 Personen würden, sofern es der Gesundheitszustand erlaubt, in eine *altersgerechte Wohnung* umziehen. Lediglich für 20 Prozent der Befragten ist ein *Heimaufenthalt* eine akzeptierte Alternative. Insbesondere Personen ohne Kinder und diejenigen, denen die Beziehung zu ihren Kindern weniger wichtig ist, ziehen einen Heimaufenthalt in Betracht. Auch Personen, die generell weniger zufrieden mit der aktuellen Wohnsituation sind, setzten bei dieser Alternative ihr Kreuzchen.

Das *Wohnquartier* wurde trotz seiner Potenziale mit Abstand am seltensten als mögliche Wohnform ausgewählt. In einigen Fragebögen wurde hinter dem Wort „Wohnquartier" ein Fragezeichen gesetzt. Daher muss davon ausgegangen werden, dass der geringe Zuspruch unter Umständen daher rührt, weil der Begriff „Wohnquartier" den SeniorInnen unbekannt ist. Dies ist nicht verwunderlich, da im Landkreis derartige Konzepte noch nicht in der Art und Weise umgesetzt wurden, wie dies wünschenswert wäre (siehe unter 4.6.6).

19 Prozent der BürgerInnen, können sich mit der Idee einer *Senioren-Wohngemeinschaft* identifizieren. Leider gibt es im Landkreis Neumarkt bis dato ebenfalls noch keine öffentlich initiierte Trägerschaft für diese Wohnform. Inwieweit es privat organisierte Senioren-Gemeinschaften in der Region gibt, konnte leider nicht erhoben werden, da hierfür weder Zahlen, noch BewohnerInnen gefunden werden konnten.

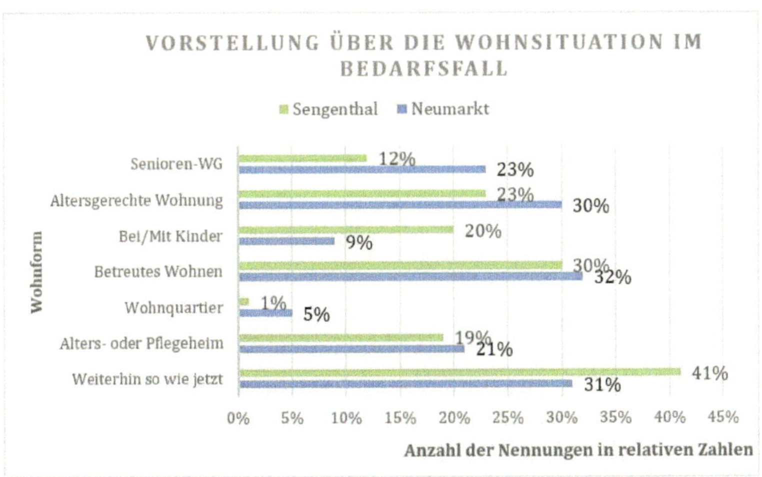

Abbildung 15: Vorstellungen über die künftige Wohnsituation der Befragten im Bedarfsfall

Quelle: Eigene Darstellung anhand der SPSS-Daten

Interpretation | Voges und Zinke fanden heraus, dass ein Umzug bei zunehmender Hilfsbedürftigkeit vor allem für MieterInnen in Frage kommt (vgl. Voges & Zinke 2010 S.301). Dies konnte auch für die Gemeinde Sengenthal und die Stadt

Neumarkt festgestellt werden. Nicht konform gehen die vorliegenden Ergebnisse mit der Hypothese der beiden AutorInnen, dass Eigentümer den Zusammenzug mit oder zumindest den Umzug in die Nähe der Kinder bevorzugen. Die Mehrheit der Älteren möchte ihren Kindern nicht zur Last fallen und bevorzugen die Unterstützung durch externe HelferInnen. Laut der *Generali Altersstudie* distanziert sich die ältere Generation eher von der Vorstellung des gemeinsamen Wohnens mit Familienangehörigen (vgl. Kruse 2013, S.26). Als Gründe werden eine zu geringe Privatsphäre und nicht ausreichend gewährte Intimität angegeben (vgl. ebd.).

Da bereits während der Literaturrecherche deutlich wurde, dass bei SeniorInnen der Wunsch vorherrscht, so lange wie möglich zuhause wohnen zu bleiben, wurde davon ausgegangen, dass dies die häufigste Option sein wird. Diese Annahme, der auch Backes & Clemens waren, wurde bestätigt (vgl. Backes & Clemens 2013, S. 251f.). Mit N = 61 Nennungen wollen 35,5 Prozent der befragten Personen auch bei gesundheitlicher Verschlechterung weiterhin zuhause (d.h. in vertrauter Umgebung) wohnen bleiben (siehe Abb. 15). Vor allem Personen, die im Fragebogen eine hohe Zufriedenheit mit ihrer aktuellen Wohnsituation und ihren Gesundheitszustand mit „gut" oder besser bewertet haben, setzten hier ihr Kreuzchen. Ein Heimaufenthalt ist eine Alternative, die bei den Befragten eher weniger beliebt scheint. Hier wurde des Öfteren auf den Fragebögen vermerkt, dass diese Option nur im äußersten Notfall genutzt werden soll. Gemeinschaftliche Wohnformen wie Alters- WGs oder Haus- und Wohngemeinschaften werden bis dato mangels sozialpolitischer Finanzierung deutschlandweit eher selten genutzt (vgl. Voges & Zinke 2010, S. 302). Dennoch stehen die SengenthalerInnen und NeumarkterInnen dieser Wohnform mit N=23 Nennungen relativ offen gegenüber.

Männer unterscheiden sich in ihrem Antwortverhalten kaum von Frauen. Für beide ist das Wohnen zuhause die bevorzugte Wahl (Frauen: 59%, Männer: 41%). Weniger Unterschiede konnten bezüglich des Alters festgestellt werden. Die Befragten aus den verschiedenen Altersgruppen können sich beispielsweise gleichermaßen häufig einen Heimaufenthalt vorstellen. Beim betreuten Wohnen unterscheiden sich die Zahlen etwas mehr. Diese Wohnform würden 22 Prozent der über 80-Jähigen, 37 Prozent der 70-bis 80-Jährigen und 41 Prozent der unter 70-Jährigen akzeptieren.

Nur 17 Prozent der unter 70-Jährigen könnten sich damit arrangieren künftig bei oder mit den Kindern zu leben, wohingegen dies bei 42 Prozent der älteren Befragten in Frage käme. Vor allem die Befragten unter 70 Jahre können sich alternative Wohnkonzepte, wie Wohngemeinschaften oder Hausgemeinschaften und generationenübergreifende quartiersbezogene Wohnkonzepte vorstellen (56 Prozent).

In der vorliegenden Befragung der SeniorInnen von Sengenthal und Neumarkt geben vor allem alleinlebende Ältere den Wunsch an, ihren Lebensabend in einem Alten- oder Pflegeheim oder bei/mit den Kindern zu verbringen. Alleinlebende nannten außerdem seltener als die Befragten, die mit dem Partner zusammenleben, die Option *„weiterhin so wie jetzt"* wohnen bleiben zu wollen.

In der Fachliteratur wird davon ausgegangen, dass sich Wohnwünsche mit den Generationen verändern. Dadurch, dass es sich in der vorliegenden Arbeit um eine Querschnittstudie handelt, kann dies jedoch nicht nachgeprüft werden. Ebenfalls ist davon auszugehen, dass es bei der Bewertung eine Rolle spielt, wie gut die Befragten mit den verschiedenen Wohnformen vertraut sind. Wohnformen, die den SeniorInnen weniger bekannt sind, wurden vermutlich auch weniger häufig favorisiert. Ähnlich dürfte es sich bei den Unterstützungsmaßnahmen für zuhause verhalten.

Unterstützungsmöglichkeiten für Zuhause

Da die oben genannten Vorschläge einen Umzug erfordern, wurden in der nachfolgenden Frage 8.4 im Erhebungsinstrument formelle und informelle Unterstützungsmaßnahmen für zuhause genannt. Auch hier konnten die SeniorInnen Mehrfachantworten geben, welche Aspekte für sie im Bedarfsfall vorstellbar sind.

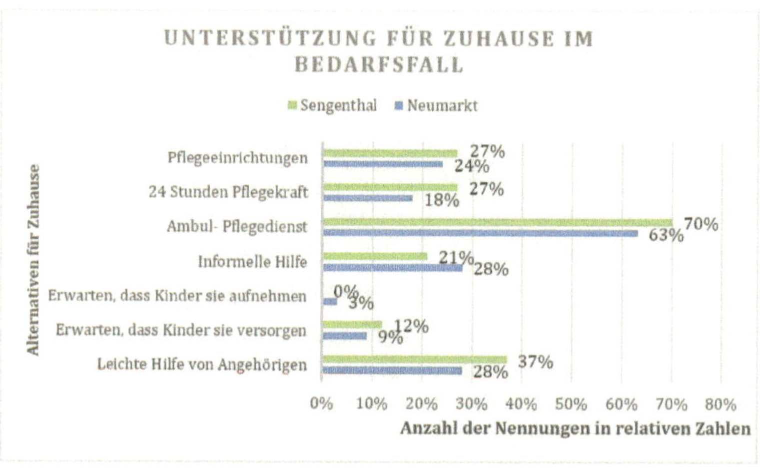

Abbildung 16: Vorstellung über die Unterstützung für Zuhause der Befragten im Bedarfsfall

Quelle: Eigene Darstellung anhand der SPSS-Daten

Beschreibung | In der *Generali Altersstudie* (2017) gingen 67 Prozent konform mit der Vorstellung, von einem ambulanten Pflegedienst betreut zu werden (vgl. S.192ff.). Entsprechend den Ergebnissen kann sich auch die Mehrheit der Neumarkter und Sengenthaler BürgerInnen künftig die Unterstützung durch einen Pflegedienst vorstellen (Neumarkt: 64%; Sengenthal: 70%). Ebenfalls akzeptiert wird leichte Unterstützung von Angehörigen. Diese können Fahrdienste, Hilfe im Haushalt (z.B. beim Waschen oder Putzen) oder die Übernahme des Einkaufes sein. Des Weiteren kommen für viele kurzzeitige Pflegeeinrichtungen, wie z.B. Kurzzeit- oder Tagespflegeeinrichtungen, in Frage. Diese wurden in die Kategorie „Unterstützung für Zuhause" mit aufgeführt, da bei diesen Unterstützungsformen der Großteil der Zeit in den eigenen vier Wänden verbracht wird.

Interpretation | Es stellte sich heraus, dass die Akzeptanz fremder Hilfe grundsätzlich vorhanden ist (vgl. Abb. 16). Mehr als die Hälfte der SeniorInnen kann sich beispielsweise vorstellen, bei Bedarf, durch einen ambulanten Pflegedienst unterstützt zu werden. Auch innerfamiliäre Hilfe würde sich im Bedarfsfall der Großteil der SeniorInnen wünschen. Ob und welche Unterstützungsleistungen angenommen werden, variiert zwischen den Geschlechtern. Während Frauen mit 29 Prozent leichte Hilfen von Angehörigen annehmen würden, stehen Männer dieser Unterstützungsform mit 37 Prozent deutlich offener gegenüber. Nur 9 Prozent der Frauen und 12 Prozent der Männer wünschen sich, dass sie von den eigenen Kindern im Bedarfsfall versorgt werden. Kaum jemand erwartet von seinen Kindern, dass diese sie im Bedarfsfall bei sich aufnehmen. Mit 31 Prozent stehen männliche Senioren informellen Hilfen, wie z.B. einer Nachbarschaftshilfe offener gegenüber als die weiblichen Befragten (21%). Einem ambulanten Pflegedienst gegenüber sind beide Geschlechter gleichermaßen aufgeschlossen (Frauen: 67%, Männer: 65%). Deutliche Unterschiede bei der Akzeptanz gibt es vor allem hinsichtlich der Unterstützung durch eine 24-Stunden Pflegekraft. Während sich dies 29 Prozent der Männer im Bedarfsfall sehr gut vorstellen können, stehen dem nur 18 Prozent der Frauen offen gegenüber. Jeweils ein Viertel der Senioren und Seniorinnen kann sich damit arrangieren pflegerische Unterstützung außerhalb von zuhause zu nutzen (z.B. eine Kurzzeitpflege).

Vergleicht man die Ergebnisse hinsichtlich der Altersgruppe, scheint vor allem für jüngere SeniorInnen eine 24-Stunden-Pflegekraft eine akzeptierte Option zu sein, um das Wohnen in den eigenen vier Wänden im Bedarfsfall längerfristig zu ermöglichen.

7.3.11 Verbesserungsvorschläge für das eigene Wohnumfeld

In der neunten Frage des Fragebogens hatten die TeilnehmerInnen die Möglichkeit ihre Wünsche an, sowie Verbesserungsmöglichkeiten für, ihren jeweiligen Wohnort zu nennen.

Die Fragestellung, was im jeweiligen Wohnort im Interesse der älteren EinwohnerInnen (noch) getan werden könne, wurde bewusst als offene Frage formuliert, um eine Vielzahl an Antworten zu erhalten. Dieses Feld wurde von N= 108 Befragten genutzt. Deren Anliegen werden in Abbildung 17 dargestellt.

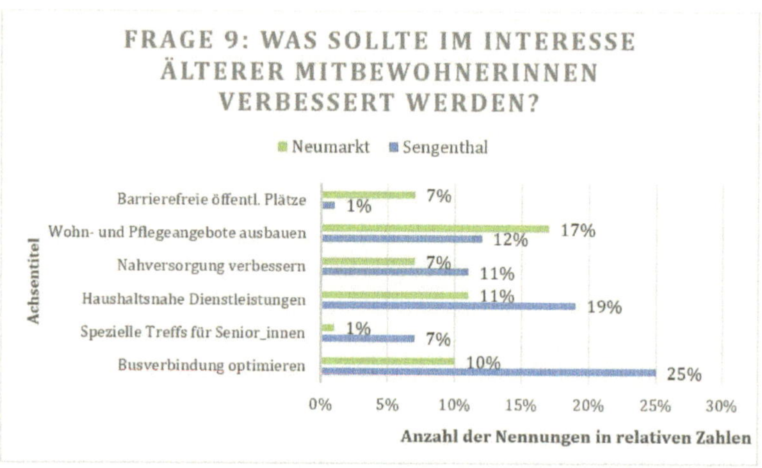

Abbildung 17: Mögliche Verbesserungen im jeweiligen Wohnort

Quelle: Eigene Darstellung anhand der SPSS-Daten

Im obigen Diagramm werden die Unterschiede der Bedürfnisse der jeweiligen Ortschaften deutlich. In beiden Orten ist den BewohnerInnen jedoch primär die Verbesserung der Busverbindung ein Anliegen. Die EinwohnerInnen der Gemeinde Sengenthal wünschen sich vorrangig eine generell häufiger fahrende Buslinie, die direkt in die Innenstadt von Neumarkt geht. Es bringe ihnen nichts, wenn der Bus nur an den Neumarkter Bahnhof und an den Schulen hält, weil sie dann „ihre gesamten Einkäufe spazieren tragen" müssten[10].

Die NeumarkterInnen fordern vor allem für die Abendstunden und für das Wochenende einen Ausbau der öffentlichen Verkehrsmittel. Dabei wurde insbesondere von N=7 Personen kritisiert, dass samstags nach 13.30 Uhr keinerlei Stadtbusse mehr gingen. Als potenzielle Lösung gaben N=5 Personen die Einführung eines Rufbusses an. Außerdem klagen sie deutlich häufiger als die Befragten aus der Gemeinde über unzureichende Barrierefreiheit an öffentlichen Plätzen, wobei ihnen insbesondere das „holprige" Kopfsteinpflaster für Rollator und Rollstuhl ungeeignet erscheint.

Besonders die GemeindebewohnerInnen wünschen sich regelmäßig stattfindende Treffs und schlagen als mögliche Treffpunkte für Seniorenkaffeestunden die je-

---

[10] Zitiert aus einem der Fragebögen

weiligen Feuerwehrhäuser in den Gemeindebereichen vor. Da es in Neumarkt bereits einige Angebote für Seniorennachmittage gibt, fiel hier der Forderung danach mit N = 1 sehr gering aus.

Den Bedarf an haushaltsnahen Dienstleistungen bewerteten die EinwohnerInnen beider Ortschaften in ähnlicher Weise. Viele gaben dahingehend auch an, dass sie sich jemanden wünschen, der für sie Schnee räumt oder Gartenarbeiten erledigen kann. Dabei existiert dafür bereits der Verein GENiAL e.V (Generationen helfen im Alltag), der ehrenamtliche HelferInnen einsetzt, um ebendiese haushaltsnahen Dienste zur Unterstützung der SeniorInnen zu leisten (z.B. Vorhänge aufhängen, Einkäufe tätigen, Gartenarbeit). Möglicherweise können durch eine verstärkte Öffentlichkeitsarbeit weitere Bedarfe gedeckt werden.

Überraschend erscheint die ähnliche Bewertung des Bereichs Nahversorgung in beiden Erhebungsorten. Widererwartend wünschen sich hier fast ebenso viele städtische wie ländliche BewohnerInnen eine Verbesserung. Gewünscht werden in Neumarkt, wie auch in Sengenthal, vor allem kleinere Läden, in denen man sich schnell zurechtfindet und nicht von zu großer Auswahl „erschlagen" wird.

Die NeumarkterInnen wünschen sich zudem mehr bezahlbare und altersgerechte Wohnungen oder Wohngemeinschaften. Die SengenthalerInnen hingegen hätten gerne pflegerische Unterstützungsangebote, wie eine Tagespflegeeinrichtung am Ort.

7.3.12 Lebenszufriedenheit

Zum Abschluss der Umfrage wurden die SeniorInnen der Stadt Neumarkt und der Gemeinde Sengenthal um die Einschätzung ihrer Lebenszufriedenheit gebeten. Die persönliche Beurteilung erfolgte anhand einer Skala von 0 („überhaupt nicht zufrieden") bis 10 („voll und ganz zufrieden").

Beschreibung | Insgesamt beurteilten 12 Prozent (N = 21) ihre Zufriedenheit auf der Skala zwischen 0 und 3, was eine starke Unzufriedenheit mit der eigenen Lebenssituation bedeutet. 51 Personen, also knapp 30 Prozent der Befragten schätzten ihrer Lebenszufriedenheit mit einer Skalenangabe zwischen 4 und 7 eher neutral ein. Mit 109 Nennungen ist mit 63 Prozent die Mehrheit der SeniorInnen mit ihrem Leben zufrieden bis höchst zufrieden.

Die Lebenszufriedenheit wurde außerdem nach Wohnorten analysiert. BewohnerInnen der Gemeinde Sengenthal sind mit einer durchschnittlichen Angabe von 7,9 etwas zufriedener mit ihrem Leben als die befragten NeumarkterInnen (7,6).

Interpretation | Die Zufriedenheit mit der Lebenssituation wird in der *Generali Altersstudie* 2017 ebenfalls mittels einer Skala von 0 („überhaupt nicht zufrieden") bis 10 („völlig zufrieden") gemessen. Der Durchschnittswert, der in der Generali bei 7,2 liegt, zeigt eine sehr hohe Zufriedenheitslage bei den 65- bis 85-Jährigen in ganz Deutschland (vgl. Generali 2017, S.9ff.). 53 Prozent der Generali-Befragten sind besonders zufrieden mit ihrem derzeitigen Leben und gaben Skalenwerte von 8 oder höher an. In der genannten Studie wies der Grad der Lebenszufriedenheit einen sehr engen Zusammenhang mit dem Gesundheitszustand als auch mit der wirtschaftlichen Lage auf. SeniorInnen, die ihre Gesundheit als gut einstufen, gaben dort auch eine höhere Lebenszufriedenheit an (8,2) als diejenigen, die ihre Gesundheit schlecht einstuften (5,6) (vgl. Generali 2017, S. 10f.).

Im Zuge dessen wurde bei vorliegenden Erhebung ebenfalls untersucht, ob die Lebenszufriedenheit mit der Wohnzufriedenheit korreliert. Mit einem Wert von .537 (p < 0.00) zeigte sich anhand des untersuchten Datensatzes ein signifikanter positiver Zusammenhang zwischen den beiden Variablen. Dieser zwar kleine, aber existierende Zusammenhang ist nicht nur zentral für diese Arbeit, sondern zeigt auch auf, wie wichtig die eigene Wohnung und ein gutes Wohnumfeld sind, um eine angemessene Lebensqualität zu erreichen. Kausal darf dieses Ergebnis zwar keinesfalls gedeutet werden, dennoch lässt sich aus der Korrelation etwas folgern: Personen, die sich in ihrer Wohnung voll und ganz wohlfühlen, sind tendenziell auch generell mit ihrem Leben zufriedener. Trotz einsetzender Altersbeschwerden bleibt der Großteil der SeniorInnen bis ins hohe Alter im eigenen Zuhause wohnen. Um den weitestgehend selbstständige Lebensstil zu erhalten kompensieren sie den physischen Abbau durch soziale und psychische Reserven (vgl. Haefker & Tielking 2017, S.55f.)

Besonders hoch zeigt sich die Zufriedenheit in der *Generali Altersstudie* von Wohnungs- und HauseigentümerInnen (vgl. Generali 2017, S. 9ff.). Dieses Faktum findet sich auch bei den Zahlen für Neumarkt und Sengenthal wieder. Die durchschnittliche Angabe der Zufriedenheit bei Wohnungs- und HauseigentümerInnen liegt bei 7,8 und damit deutlich höher als die Lebenszufriedenheit von MieterInnen mit 6,7. Möglicherweise hängt dies mit der finanziellen Situation der Befragten zusammen, denn ein weiterer signifikanter Zusammenhang konnten für die Variablen „Monatliches Einkommen" und „Lebenszufriedenheit" festgestellt werden (.305, p < 0.00).

Eine entscheidende Rolle für die Bewertung der Lebenszufriedenheit erscheint zudem der eigene Gesundheitszustand. Personen, die ihren Gesundheitszustand als gut oder sehr gut bewerteten, gaben auch bei der Lebenszufriedenheit häufiger höhere Werte an. Darüber hinaus scheint die Lebenszufriedenheit vom Vorhandensein eines Partners abzuhängen. Personen, die in Partnerschaft zusammenleben stuften ihre Lebenszufriedenheit höher ein, als alleinlebende Befragte (vgl. auch Daten von Schelisch 2016, S.31).

8 Schlussbetrachtung

Durch die gesteigerte Lebenserwartung macht „das Alter" einstweilen nicht mehr die „Restzeit" des Lebens aus, sondern umfasst etwa ein Drittel unseres Erwachsenenalters (vgl. Heinze 2017, S.214). Ob ein gutes Leben im hohen Alter geführt werden kann, hängt ebenfalls maßgeblich davon ab, wie die Gesellschaft ihre älteren Mitmenschen wahrnimmt und welche Altersbilder dominieren. Einer der existenziellsten Aspekte des Älterwerdens, die auch Bollnow im Einstiegszitat betont, ist der Aufbau und die Erhaltung der Privatsphäre und der Sicherheit. Erschreckend erscheint daher, dass in Deutschland schätzungsweise nicht einmal fünf Prozent des gesamten Wohnbestandes altersgerecht ausgestattet sind (vgl. ebd., S. 216). Aufgrund dessen, dass die Mehrheit der Deutschen in den eigenen vier Wänden wohnen bleiben möchte und über 60 Prozent einen Umzug in ein Altersheim oder eine andere stationäre Pflegeeinrichtung gänzlich ablehnen, müssen neue, umfassende kommunale Konzepte entwickelt werden. Beinhalten sollen diese Konzepte zentrale Faktoren wie die barrierefreie Erreichbarkeit von Versorgungszentren sowie von medizinischen und therapeutischen Einrichtungen, die Verfügbarkeit von unterstützenden Dienstleistungen und Bezahlbarkeit (vgl. ebd., S. 218).

Daraus resultiert, dass der Bereich Wohnen in Deutschland gerade jetzt, wo sich die Generation der Älteren durch die geburtenstarken Jahrgänge enorm vergrößert, als Marktpotenzial in den Fokus rückt. Insbesondere das Wohnen verlangt von der Alten- und Seniorenpolitik eine Vernetzung über eine Vielzahl von Handlungsfeldern hinweg. Das Baugewerbe wie auch das Handwerk müssen sich auf eine zunehmende Nachfrage von Wohnungs- und Immobilienwirtschaft bezüglich altersgerechtes Wohnen einstellen. Auch die Vernetzung zwischen den Sektoren Architektur, Innengestaltung und Pflege ist dadurch gewünscht. Dies zeichnet sich bereits in veränderten architektonischen Prozessen ab: Wohnungen werden so gebaut, dass im Falle einer Pflegebedürftigkeit die klassische Raumaufteilung insofern angepasst werden kann, dass durch verschiebbare Wände ein neuer Raum erschaffen werden kann, der z.B. für eine 24-Stunden Pflegekraft genutzt werden kann. Für die Immobilienwirtschaft sollte, neben der Schaffung barrierefreier Wohnungen, auch das altersgerechte Umrüsten, beziehungsweise dem Anpassen der bestehenden Gebäude, im Fokus stehen. Benötigt werden neben vollständig barrierefreien Wohnungen, die zumindest barrierearm gestaltet sind. Zur inklusiven Ausstattung tragen neben der barrierefreien Erreichbarkeit der Wohnung (z.B. durch Aufzug) auch Bäder mit ebenerdige Dusche oder tiefe Fenster bei, die auch im Sitzen einen weiten Ausblick zulassen. Ebenfalls sollte bei Neubauten eine generationenübergreifende, flexibel erweiterbare Barrierefreiheit von vornherein berücksichtigt werden, um die Vernetzung von Jung und Alt von Beginn an zu fördern.

Dahingehend ist es völlig unzureichend, Wohnungen lediglich als vom Menschen geschaffene, räumliche Umwelt zu betrachten.

9 Handlungsempfehlungen

Vielmehr steht und fällt die Lebensqualität und -zufriedenheit, insbesondere bei älteren Personen, mit einem adäquaten Wohnumfeld, welches sich nicht unwesentlich auf die soziale Partizipation auswirkt. Das vorrangige Ziel der Alterspolitik ist, der älteren Generation Inklusion und Teilhabe über alle Lebensbereiche hinweg zu sichern. Im Optimalfall sollte daher möglichst frühzeitig ein aktiver und gesunder Lebensstil gefördert werden, der auch durch gesellschaftliches Engagement gekennzeichnet sein sollte. Dadurch können später unvermeidliche Geschehnisse (z.B. Renteneintritt) besser kompensiert und die soziale Partizipation weiterhin gewährleistet werden (vgl. Haefker & Tielking 2017, S. 68). Mit Blick auf künftige Wohnformen ist dafür besonders die Schaffung von Wohnquartieren wünschenswert.

9.1 Generelle Handlungsempfehlungen

Die nachfolgenden generellen Handlungsempfehlungen beziehen sich sowohl auf die beiden Erhebungsorte, als auch auf die gesamte Bundesrepublik.

Schaffung barrierefreier Wohnformen

Vor allem die Schaffung quartiersähnlicher Wohnkonzepte, wie Wohnquartiere sind wünschenswert. Das Wohnumfeld sollte dabei möglichst vollständig barrierefrei sein sowie eine gute Anbindung an Versorgungssysteme, öffentlichen Infrastruktur und zu sozialen Dienstleistungsanbietern (z.B. Pflegediensten) garantieren. Ferner sind die Wohnungen selbst möglichst von vornherein an die Bedürfnisse älterer Menschen anzupassen. Zusätzliche Unterstützung können altersgerechte Assistenzsysteme (AAL) und intelligente Gebäudetechnik (z.B. Hausnotruf, Universal Design, Telemedizin) leisten und den SeniorInnen den Alltag erleichtern. Diese digitalen Auskünfte sollten jedoch nicht überbewertet werden oder die sozialen Beziehungen (z.B. zu einem Pflegedienst) ersetzen. Außerdem müssen sie immer individuell an die Wünsche und Bedürfnisse der BewohnerInnen angepasst sein (vgl. Heinze 2017, S.226). Ausreichende Mobilität stellt eine Grundvoraussetzung für Teilhabe dar. Im Bereich der sozialen Teilhabe sollten möglichst zugehende, niederschwellige Beratungs-, und Freizeitangebote, wie beispielsweise in Form von wöchentlich stattfindenden Beratungs- und Betreuungsgruppen implementiert werden. Darüber hinaus müssen den BewohnerInnen unterschiedlichste sinnhafte Freizeitangebote offenstehen, wie beispielsweise Bewegungsförderung oder kreatives Arbeiten. Bei einigen SeniorInnen herrscht der Wunsch vor, selbst Tiere im Garten (z.B. Kaninchen, Hühner) zu halten oder sich um einen Kräutergarten zu kümmern. Dies erweist sich vor allem in stationären Settings ebenfalls als eine neue Partizipationsmöglichkeit (vgl. Haefker &Tielking 2017, S.205). Ergänzend müssen ausreichend Begegnungsflächen für den Austausch unter den BewohnerInnen und zwischen den Angehörigen geschaffen werden (vgl. Schelisch 2016, S.60).

Steigerung des Heimplatzangebotes

Die Hälfte der Männer und dreiviertel der Frauen werden im Laufe ihres Lebens pflegebedürftig (vgl. ebd., S. 223). Diese, durch den demografischen Wandel bedingte gesteigerte Zahl von hochaltrigen Pflegebedürftigen, erfordert die Erweiterung des Heimplatzangebots. Bis 2050 werden deutschlandweit zusätzlich noch ca. 800.000 neue Plätze benötigt (vgl. Deutsches Seniorenportal). Auch die Erschaffung neuer Mischformen zwischen professionellen Dienstleistungen und privater Solidarität ist wünschenswert. Hier wird künftig vor allem der ehrenamtlichen Arbeit und den sozialen Netzwerken des Betroffenen eine immens wichtige Rolle zukommen. Wenn man bedenkt, dass einige der älteren Generation noch ehrenamtlich aktiv ist, zeigt sich hier ein zukunftsweisender Weg, wie man durch gezielte Schulung und Förderung dem Fachkräftemangel im Pflegesektor und den Rückgang der innerfamiliären Pflege aufgefangen werden kann.

9.2 Konkrete Handlungsempfehlungen für die Erhebungsorte

Basierend auf den Befragungsergebnissen lassen sich explizit für die Erhebungsorte Handlungsempfehlungen ableiten. Durch diese Impulse sollen Kommunen stärker auf die Bedürfnisse der älteren Generation eingehen können.

Schaffung neuer Konzepte zur Einbindung hochbetagter BürgerInnen

Übliche Bürgerverfahren erreichen Hochbetagte, isoliert lebende oder pflegebedürftige Personen eher selten. Zur Generierung neuer Ideen und konkreter Maßnahmen ist daher die Einführung von Arbeitsgruppen sinnvoll. Zur Beteiligung möglichst vieler BürgerInnen sind auch Methoden wie „aufsuchende Befragungen" oder auch die Durchführung regelmäßiger Treffen für „Zukunftswerkstätten" zu empfehlen. Im Zuge dessen können auch Sozialraumbegehungen im Stadt-, bzw. Gemeindebereich stattfinden. Darüber hinaus können Beratungsangebote, Helferkreise, Hol- und Bringdienste, Tagespflegeeinrichtungen oder auch Workshops dabei helfen die pflegenden Angehörigen zu entlasten.

Ausbau barrierefreier Wohnräume

Die Befragung hat ergeben, dass es einen Bedarf an barrierefreien Wohnraum gibt. Vor allem in der Gemeinde Sengenthal lebt der Großteil der SeniorInnen in Räumlichkeiten, die nicht altersangemessen sind. Häufig kann bereits durch kleine Veränderungen Abhilfe geschaffen werden. Es bietet sich daher die Einführung einer Stelle zur Wohnberatung an, denn während es für die jüngeren Altersgruppen durch die neuen Medien kein Problem darstellt sich aktiv Informationen zu Umbauten und deren Fördermöglichkeiten zu beschaffen, ist dies vor allem betagteren SeniorInnen nicht so selbstverständlich. Daher müssten Kanäle gefunden werden, diese Themen möglichst niedrigschwellig und präventiv zu transportieren. Eine bessere Vernetzung z. B. mit den Vereinen, den Pfarrgemeinden oder den in Neumarkt ansässigen ambulanten Diensten sowie mit GENiAL e.V. könnte im Rahmen dessen ebenso angedacht werden wie die Zusammenarbeit mit PartnerInnen aus der Baubranche (z.B. Badausstattern, Architekten oder Handwerker). Die Organisationen und Firmen könnten Informationsveranstaltungen in den Erhebungsorten abhalten.

Steigerung der Öffentlichkeitsarbeit ansässiger DienstleisterInnen

Darüber hinaus sollte generell die Öffentlichkeitsarbeit der ansässigen Dienstleistungsanbieter gesteigert werden, da zahlreiche Befragte keinerlei Unterstützungsangebote kannten (z.B. durch Beiträge in Neumarkt-TV, ausführliche Artikel in den regionalen Zeitungen, Themenabende, Ausstellungen, Verteilung von Flyern und Broschüren etc.). Die Stadt Neumarkt hält ihre Ziele in einem Leitbild fest. Durch die gewonnenen Einblicke in den Themenbereich „Wohnen im Alter" empfiehlt sich die Aufnahme neuer Aspekte in ebendieses. Zum einen sollten bauliche Ziele, wie die Schaffung von neuen barrierefreien oder altersgerechten Wohnobjekten sowie aber die Förderung neuer und alternativer Wohnformen angestrebt werden (z.B. Senioren-WGs).

Vergrößerung des Angebotes nach unterstützenden Dienstleistungen zur Verbesserung des Wohnens in der eigenen Häuslichkeit

In beiden Erhebungsortschaften kam der Wunsch nach haushaltsnahen Dienstleistungen auf. Es wäre hilfreich die Auslastung von ambulanten Hilfen (Pflegediensten, Menüdiensten, haushaltsnahe Dienstleistungen wie GENiAL e.V. oder die Versorgung mit Pflegekräften aus dem Ausland) abzufragen, um zu erfahren ob Angebotslücken bestehen und ob der zusätzliche Bedarf gedeckt werden kann.

Auch die Zusammenarbeit mit *WohnberaterInnen* und Informationen zu *Wohnraumanpassung* sind als Angebot für SeniorInnen fest zu implementieren.

Verbesserung der Nahversorgung

Vor allem die SeniorInnen der Gemeinde Sengenthal wünschen sich eine bessere Nahversorgung vor Ort. Zum Zeitpunkt der Befragung war bereits der Bau eines Supermarktes in die Nähe der Gemeinde im Gespräch, die im Laufe der Zeit zur beschlossen Sache wurde. Allerdings handelt es sich nicht, wie von den Befragten gewünscht, um einen kleinen Laden im Ortskern, sondern um eine Filiale einer Supermarktkette am Rand des Gemeindebereichs. Der kleine Dorfladen direkt im Gemeindekern musste vor einigen Jahren wegen zu geringem Zulauf schließen.

Verbesserung der Infrastruktur, Anbindung an den Nahverkehr

Handlungsbedarf sehen die befragten SeniorInnen sowohl in Neumarkt als auch in Sengenthal war beim Thema Nahverkehr. Ein umfangreiches kleinräumiges Versorgungsangebot unterstützt die SeniorInnen dabei ihre Teilhabe und Selbstständigkeit länger zu wahren. Die Verbesserung der Anbindung, bedeutet für die Befragten vor allem eine häufigere Taktung der Buslinien. In Neumarkt sollten konkret Wochenendfahrten nach 13.30 Uhr eingeführt werden, da diese momentan nicht bestehen. Vor allem SeniorInnen ohne PKW oder mit Mobilitätseinschränkungen werden dadurch erhebliche Chancen zur gesellschaftlichen Partizipation verwehrt. Möglicherweise ist der Ausbau des Fahrplans zumindest auf eine Taktung aller Linien von einmal pro Stunde möglich. In der Gemeinde Sengenthal hingegen gibt es keine Stadtbusanbindung. Das heißt die BürgerInnen können lediglich (selten fahrende) Linien zum Bahnhof oder zu den Schulen nutzen. Versorgungszentren werden nicht angefahren. Als Verbesserung wünschen sich die BürgerInnen eine zusätzliche Linie (oder die Anbindung an den Stadtbus). Diese Busse sollten direkt in die Neumarkter Innenstadt und an Versorgungszentren der Stadt halten (z.B. NeuerMarkt, Neumaxx).

Einrichtung von Begegnungsstätten

Vorrangig für die Gemeinde Sengenthal zeigte die kleine Bedarfsanalyse außerdem, dass es den SeniorInnen zum Teil an Begegnungsstätten fehlt. Hierzu nannten die SengenthalerInnen konkret, ob dafür nicht die Nutzung der jeweiligen Feuerwehrhäuser in Frage käme. In diesen könnte dann ein- oder mehrmals pro Woche Spielabende, Vorträge oder Kaffeerunden stattfinden.

Zusammenfassend lässt sich festhalten, dass gerade in durch den demografischen Wandel noch enormer Handlungsbedarf besteht. Um die Lebensqualität unserer älteren Mitbürger zu sichern bedarf es einem enormen Zuwachs an sozialpolitischer, architektonischer, städtebaulicher, kommunaler und sozialer Zusammenarbeit. Zur Lösung von Konflikten, wie Altersarmut oder struktureller Benachteiligung erfordert zudem überregionales Handeln (vgl. Wolter 2017, S.63). In den einzelnen Orten wäre die Einführung eines „Senioren-Beauftragten" denkbar, der den SeniorInnen als Anlaufstelle bei Fragen zu Wohnraumanpassung, Pflege oder in sonstigen Belangen dient.

„Nicht da ist man daheim, wo man seinen Wohnsitz hat,

sondern wo man verstanden wird."

Christian Morgenstern (1922)

Literaturverzeichnis

aha live! Netzwerk 2015: Seniorenwohnpark Am Heideweg (http://aha-live.de/seniorenwohnpark-am-heideweg/; Zugriff am 28.09.2017)

Backes, Gertrud & Clemens, Wolfgang 2013: Lebensphase Alter: Eine Einführung in die sozialwissenschaftliche Alternsforschung. Weinheim: Beltz Verlag, 4. Aufl.

Bayerisches Landesamt für Statistik 2016a: Demographie-Spiegel für Bayern. Berechnungen für die Gemeinde Sengenthal bis 2028. In Beiträge zur Statistik Bayerns, Heft 547 (https://www.statistik.bayern.de/statistik/gemeinden/09373159.pdf; Zugriff am 08.10.2017)

Bayerisches Landesamt für Statistik 2016b: Demographie-Spiegel für Bayern. Berechnungen für die Große Kreisstadt Neumarkt i.d.OPf. bis 2034. In: Beiträge zur Statistik Bayerns, Heft 547 (https://www.statistik.bayern.de/statistik/gemeinden/09373147.pdf; Zugriff am 08.10.2017)

Berner, Frank; Mahne, Katharina; Wolff, Julia & Tesch-Römer, Clemens 2017: Wandel von Teilhabe und Integration älterer Menschen – ein politikorientiertes Fazit. In: Mahne Katharina et al. (Hg.): Altern im Wandel. Zwei Jahrzehnte Deutscher Alterssurvey (DEAS). Wiesbaden: Springer Verlag, S. 381-393.

Bertelsmann Stiftung (Hg.) 2017: Entwicklung der Altersarmut bis 2036. Trends, Risikogruppen und Politikszenarien (https://www.bertelsmann-stiftung.de/fileadmin/files/BSt/Publikationen/GrauePublikationen/Entwicklung_der_Altersarmut_bis_2036.pdf; Zugriff am 04.10.2017).

Becker, Annette; Schmal, Peter Chachola; Haas Claudia (Hg.) 2013: Netzwerk Wohnen. Architektur für Generationen. München: Prestel Verlag.

Blonski, Harald (Hg.) 2009: Die Vielfalt des Wohnens im Alter. Modelle, Erfahrungen, Entscheidungshilfen. Frankfurt am Main: Mabuse Verlag.

Bollnow, Otto Friedrich 1990: Mensch und Raum. Stuttgart: Kohlhammer Verlag, S. 136.

Böttinger, Traugott 2016: Inklusion: gesellschaftliche Leitidee und schulische Aufgabe. Gesellschaftliche Leitidee und schulische Aufgabe. Stuttgart: Kohlhammer.

Bundesarbeitsgemeinschaft der Senioren-Organisationen e. V. 2005: Ergebnisse einer Befragung zum Thema „Wohnen im Alter" (http://www.bagso.de/fileadmin/Aktuell/WohnenimAlterEndbericht.pdf Zugriff am 25.11.2017)

Bundesinstitut für Bevölkerungsforschung 2017 (http://www.bib-demografie.de/DE/ZahlenundFakten/02/Abbildungen/ abbildungen_node.html; Zugriff am 01.11.2017).

Bundesministerium für Familie, Senioren, Frauen, und Jugend. Was ist ein Mehrgenerationenhaus? (https://www.mehrgenerationenhaeuser.de/ mehrgenerationenhaeuser/was-ist-ein-mehrgenerationenhaus/; Zugriff am 25.11.2017)

Bundesministerium für Gesundheit. Pflegestärkungsgesetz II: (https://www.pflegestaerkungsgesetz.de/pflege-wissen-von-a-bis-z/pflege-details/erklaerung/pflegestaerkungsgesetz-ii-psg-ii/; Zugriff am 17.12.2017)

Deutsches Seniorenportal: Alternative Wohnformen (https://www.seniorenportal.de/pflege/wohnen-und-einrichtungen-fuer-senioren/alternative-wohnformen; Zugriff am 11.12.2017)

Dwight, Maria 2011: Von „Retirement Communities" zu Sinngemeinschaften. In: Feddersen, Eckhard & Lüdtke, Insa: Entwurfsatlas. Wohnen im Alter. Basel: Birkhäuser Verlag, S. 26-29.

Eberle, Dietmar 2016: 60 plus- Segen, Drohung oder Beginn einer neuen Zukunft? In: Becker, Annette; Chachola Schmal, Peter & Haas, Claudia (Hg.): Netzwerk Wohnen. Architektur für Generationen. München: Prestel, S. 86-93.

Feddersen, Eckhard & Lüdtke, Insa 2011. Entwurfsatlas. Wohnen im Alter. Basel: Birkhäuser Verlag.

Generali Deutschland AG (Hg.) 2017: Generali Altersstudie 2017. München: Springer Verlag.

Giles, Lynne; Glonek Gary; Luszcz, Mary & Andrews, Gary 2005: Effect of social networks on 10 year survival in very old Australians: the Australian longitudinal study of aging. In: Journal of Epidemiology & Community Health, Volume 59, Issue 7 (http://jech.bmj.com/content/59/7/574; Zugriff am 12.12.2017)

Göckenjan, Gerd 2010: Altersbilder in der Geschichte. In: Aner, Kirsten & Karl, Ute (Hg.): Handbuch Soziale Arbeit und Alter. Wiesbaden: Springer VS, S. 403-414.

Haefker, Meike & Tielking, Knut 2017: Altern, Gesundheit, Partizipation. Alternative Wohn- und Versorgungsform im Fokus des demografischen Wandels. Wiesbaden: Springer VS Verlag.

Heinze, Rolf 2017: Wohnen und Wohnumfeld – der Lebensmittelpunkt im Alter. In: Generali Deutschland AG (Hg.) 2017: Generali Altersstudie 2017. München: Springer Verlag, S. 213-229.

Integrierte Ländliche Entwicklung (ILE): Wohnen im Alter. Fragebogen. (http://www.ile-ilek.de/dokumente/WohnenimAlter_Fragebogen%20alle%20VG.pdf; Zugriff am 15.01.2018)

Junker, Frank 2013: Der Umgang mit 50 000 Bestandswohnungen. In: Becker, Annette; Chachola Schmal, Peter & Haas, Claudia: Netzwerk Wohnen. Architektur für Generationen. München: Prestel, S. 142-147.

Kofner, Stefan 2004: Übers Wohnen. (http://www.hogareal.de/html/ubers_wohnen.html; Zugriff am 07.09.2017).

Kreditanstalt für Wiederaufbau (KfW). Altersgerecht Umbauen – Investitionszuschuss - Barrierereduzierung (https://www.kfw.de/inlandsfoerderung/Privatpersonen/Bestandsimmobilie/F%C3%B6rderprodukte/Altersgerecht-Umbauen-Investitionszuschuss-(455)/; Zugriff am 07.10.2017).

Kricheldorff, Cornelia 2008: Neue Wohnformen und gemeinschaftliches Wohnen im Alter. In: Buchen, Silvia & Maier Maja (Hg.): Älterwerden neu denken. VS Verlag für Sozialwissenschaften, S. 237-247.

Kruse, Andreas 2013: Wohnen im Alter – heute und in Zukunft. In: Becker, Annette; Chachola Schmal, Peter & Haas, Claudia: Netzwerk Wohnen. Architektur für Generationen. München: Prestel, S. 26-37.

Kuhn, Andreas 2012: Behinderung und Inklusion (im ländlichen Raum). In: Debiel, Stefanie; Engel, Alexandra; Hermann-Stietz, Ina; Litges, Gerhard; Penke, Swantje & Wagner, Leonie: Soziale Arbeit in ländlichen Räumen. Wiesbaden: Springer, S. 301-314.

Künemund, Harald & Kohli, Martin 2010: Soziale Netzwerke. In: Aner, Kirsten & Karl, Ute (Hg.): Handbuch Soziale Arbeit und Alter. Wiesbaden: VS Verlag für Sozialwissenschaften, S. 309-313.

Lerch, Herbert 2011: Im Alter selbstbestimmt. Stadt Regensburg (Hg.). Regensburg.

Mahne, Katharina; Wolff, Julia; Tesch-Römer, Clemens & Simonson, Julia 2017: Zwei Jahrzehnte Deutscher Alterssurvey (DEAS). Wiesbaden: Springer Verlag.

Maier, Maja 2008: Familien, Freundschaften, Netzwerke. Zur Zukunft persönlicher Unterstützungsbeziehungen. In: Buchen, Sylvia & Maier, Maja (Hg.) Älterwerden neu denken. Wiesbaden: VS Verlag für Sozialwissenschaften, S. 219-235.

Mayer, Karl Ulrich & Baltes, Paul B. (Hg.) 1996: Die Berliner Altersstudie, Berlin: Akademie Verlag, 1. Auflage, S. 7-16.

Mizumura, Junko; Yoshimoto Teruko & Ogata Yasuko 2014: Development of standards for case conferences in order to provide integrated care at a community-based integrated care center. In: Journal of the National Institute of Public Health. Vol.63 No.2, p. 150-158.

Moll, Dörte 2009: Vielfalt des Wohnens. Zielgruppespezifische Wohnformen. In: Blonski, Harald: Die Vielfalt des Wohnens im Alter. Modelle, Erfahrungen, Entscheidungshilfen. Frankfurt am Main: Mabuse – Verlag, S. 21-42.

Morgenstern, Christian 1922: Stufen. Eine Entwicklung in Aphorismen und Tagebuch-Notizen. München: Piper & Co Verlag.

Morsch, Karl-Friedrich 2007: Wohnen im Alter von A-Z. Möglichkeiten, Kosten, Fallstricke. Wohnung und Haus altersgerecht gestalten. Regensburg: Walhalla Verlag.

Narten, Renate 2005: Die Zukunft des Wohnens im Alter – Diskussion der Beiträge. In: Klie, Thomas; Buhl, Anke; Entzian, Hildegard; Hedtke-Becker, Astrid. & Wallrafen-Dreisow, Helmut (Hg.): Die Zukunft der gesundheitlichen, sozialen und pflegerischen Versorgung älterer Menschen. Frankfurt: Mabuse, S. 370-376.

Opaschowsky, Horst 1998: Leben zwischen Muss und Muße. Die ältere Generation: Gestern. Heute. Morgen. Hamburg: Germa-Press Verlag.

Otto, Ulrich & Langen, Robert 2009: Über die eigenen vier Wände hinaus. Potenziale und Modelle integrierter Förderung gemeinschaftlicher Wohnformen. In: Blonski, Harald (Hg.): Die Vielfalt des Wohnens im Alter. Modelle, Erfahrungen, Entscheidungshilfen. Frankfurt am Main: Mabuse, S. 85-121.

Perrig-Chiello, Pasqualina 2007: Das Paradox des Wohlbefindens – Kriterien für ein positives Lebensgefühl im Alter (http://www.avenirsocial.ch/sozialaktuell/sozial_aktuell_5551_5553.pdf; Zugriff am 28.01.2018)

Pincus, Lily 1992: Das hohe Alter. München: Piper.

Reindl, Bernhard & Kreuz, Dieter 2007: Wegweiser Wohnen im Alter. Berlin: Beuth Verlag.

Robert Koch-Institut (Hg.) 2015: Welche Auswirkungen hat der demografische Wandel auf Gesundheit und Gesundheitsversorgung? In: Gesundheit in Deutschland. Gesundheitsberichterstattung des Bundes. Gemeinsam getragen von RKI und Destatis. Berlin: RKI, S. 435-451.

Schelisch, Lynn 2016: Technisch unterstütztes Wohnen im Stadtquartier. Potentiale, Akzeptanz und Nutzung eines Assistenzsystems für ältere Menschen. Wiesbaden: Springer VS.

Schnur, Olaf 2010: Vortrag im Rahmen des ILS-Kolloquiums „Multiperspektivische Quartiersforschung" Dortmund, 20. April 2010 (https://www.ils-forschung.de/download/Neighborhood_Trek.pdf; Zugriff am 09.09.2017)

Sittler, Loring 2017: Vortrag zur EFI Fachtagung zum Thema: Was und wie verändert sich meine Lebenssituation. Raus aus dem Altersgefängnis! (https://www.efi-wap.de/download/broschueren/EFI%20Fachtagung%20Ingolstadt%202017%20-%20Textfassung%20Sittler.pdf; Zugriff am 19.10.2017)

Statistisches Bundesamt 2012: Wirtschaftsrechnungen. LEBEN IN EUROPA (EU-SILC) Einkommen und Lebensbedingungen in Deutschland und der Europäischen Union. (https://www.destatis.de/DE/Publikationen/ Thematisch/EinkommenKonsumLebensbedingungen/ LebeninEuropa/EinkommenLebensbedingungen2150300117004.pdf?_ blob=publicationFile, Zugriff am 06.02.2018).

Statistisches Bundesamt 2017: Statistisches Jahrbuch Deutschland und Internationales 2017. (https://www.destatis.de/DE/Publikationen/ Statistisches Jahrbuch/StatistischesJahrbuch2017.pdf?_ blob=publicationFile; Zugriff am 21.12.2017).

Swoboda-Ruf, Elke 2016. Umsorgt wohnen. Regensburg: Swoboda-Leitner Verlag. 9. Auflage.

Swift, Jonathan 1812: The Works of the Rev. Verlag W. Durell & Company

Tauke, Beth 2011: Universal Design: Eine Unabhängigkeitserklärung. In: Feddersen, Eckhard & Lüdtke, Insa (Hg.). Entwurfsatlas. Wohnen im Alter. Basel: Birkhäuser Verlag, S. 9-11.

Thimm, Catja 2013. Altersbilder und Wohnkonzepte- Tradition baut Zukunft. In: Becker, Annette; Chachola Schmal, Peter & Haas, Claudia (Hg.): Netzwerk Wohnen. Architektur für Generationen. Prestel: München, S. 56-59.

United Nations 1991: Generaly Assembly. 46/91. Implementation of the International Plan of Action on Ageing and related activities. New York, 46.Tagung, 1991, (http://www.un.org/documents/ga/res/46/a46r091.htm; Zugriff: am 08.10.2017).

Verhülsdonk, Sandra & Höft, Barbara 2017: Inklusion durch interdisziplinäre Netzwerkarbeit im Quartier. In: Schäfer-Walkmann, Susanne & Traub, Franziska (Hg.): Evolution durch Vernetzung. Edition Centaurus – Perspektiven Sozialer Arbeit in Theorie und Praxis. Wiesbaden: Springer, S. 141-157.

Voges, Wolfgang & Zinke, Melanie 2010: In: Aner, Kirsten & Karl, Ute: Handbuch Soziale Arbeit und Alter. Wiesbaden: Springer Verlag, S. 301-308.

Walter, Ulla; Flick, Uwe; Neuber, Anke; Fischer, Claudia & Schwartz, Friedrich-Wilhelm 2006: Alt und gesund? Altersbilder und Präventionskonzepte in der ärztlichen und pflegerischen Praxis. Wiesbaden: VS Verlag für Sozialwissenschaften.

Weltgesundheitsorganisation/WHO 2004: Wohnen und Gesundheit. Vierte Ministerielle Konferenz Umwelt und Gesundheit. Arbeitspapier EUR/04/5046267/12: WHO.

Wolter, Birgit 2017: Gesundheitsförderliche Quartiere für alte Menschen - Herausforderungen und Barrieren. In: Fabian, Carlo; Drilling, Matthias; Niermann, Oliver & Schnur, Olaf (Hg.): Quartier und Gesundheit. Quartiersforschung. Wiesbaden: Springer Verlag, S. 61-78.

Wurtzbacher, Jens 2011: Partizipation, In: Deutscher Verein für öffentliche und private Fürsorge e.V. (Hg.): Fachlexikon der Sozialen Arbeit. Berlin: Nomos. 7. Auflage.

Anhang

Anhang: Zeitplan der Befragung

Zeitraum	Maßnahme
April - Juli 2017	Recherche, Themeneingrenzung und Einarbeitung, Theoretischer Rahmen
Juni 2017	Einholen der Genehmigung seitens der Stadt Neumarkt und der Gemeinde Sengenthal
Juni - Juli 2017	Fragebogenerstellung
Juli 2017	Pretest
August 2017	Auswahl der Stichprobe
September 2017	Druck
September –Oktober 2017	Verteilung der Fragebögen
September – 13.November 2017	Rücklaufzeitraum
November-Dezember 2017	Dateneingabe in SPSS
Dezember 2017– Januar 2018	Datenauswertung und Analyse
Oktober 2017- Februar 2018	Schriftliche Ausarbeitung

Anhang: Fragebogen

Wir würden uns sehr freuen, wenn Sie sich für die Beantwortung der folgenden Fragen kurz Zeit nehmen.

Wichtige Informationen:

✓ Bitte versuchen Sie jede Frage wahrheitsgemäß zu beantworten

✓ Bitte achten Sie auf die Felder, bei denen mehrere Antwortmöglichkeiten erlaubt sind, diese sind mit folgendem Zeichen markiert:

✓ Alle Daten werden anonym behandelt und können Ihrer Person <u>nicht</u> zugeordnet werden

✓ Die Rückgabe der Fragebögen ist bis zum **13.11.2017** an folgenden Orten möglich:

- <u>Kostenfrei und unkompliziert</u>: Den ausgefüllten Fragebogen in den vorfrankierten Umschlag geben & in einen Postkasten werfen

<u>Bitte geben Sie zu Beginn Ihre demografischen Daten an:</u>

- In welchem Jahr sind Sie geboren?   19________

- Welches Geschlecht haben Sie? ☐ weiblich   ☐ männlich

- Sie wohnen ☐ im Stadtgebiet Neumarkt oder
  ☐ in der Gemeinde Sengenthal

1. Aktuelle Wohnsituation

- 1.1 Mit wem leben Sie zurzeit zusammen?

☐ Alleine ☐ Mit (Ehe-)Partner

☐ Mit meinen Kindern ☐ Mit anderen Personen: _______________

- 1.2 Wo leben Sie derzeit?

☐ Haus (Eigentum) ☐ Wohnung (Eigentum)

☐ Haus (Miete) ☐ Wohnung (Miete)

☐ Wohn-/ Hausgemeinschaft ☐ In einem Wohnquartier

☐ In einer betreuten Wohnung ☐ In einem Senioren-/Pflegeheim

☐ Sonstiges: _______________

- 1.3 Zur Lage: In welchem Bereich wohnen Sie derzeit?

☐ Innenstadt ☐ Stadtnah (<1km) ☐ Stadtentfernt (>3km)

- 1.4 Seit wann wohnen Sie in dem jetzigen Wohnort?

☐ Weniger als 5 Jahre ☐ Länger als 30 Jahre

☐ 5 bis 10 Jahre ☐ Schon immer (Geburts- oder Heimatort)

☐ 10 bis 30 Jahre ☐ Sonstiges: _______________

2. Wohnungszufriedenheit

- 2.1 Wie zufrieden sind Sie mit Ihrer derzeitigen Wohnsituation auf einer Skala von 0 bis 10? – Kreisen Sie eine Zahl auf der Skala ein.

Überhaupt nicht zufrieden   Voll und ganz zufrieden

0 1 2 3 4 5 6 7 8 9 10

- 2.2 Was fehlt Ihnen zur vollständigen Zufriedenheit mit der aktuellen Wohnsituation?

____

3. Ausstattung Ihrer derzeitigen Wohnung/ Ihres Hauses

- 3.1 Würden Sie Ihre Wohnung als altersgerecht bezeichnen?

☐ Ja, vollständig ☐ Teilweise

☐ Ja, größtenteils ☐ Nein, es fehlt _______________

- 3.2 Mein Haus/ meine Wohnung hat/ist ...

☐ Treppen vor dem Haus ☐ Abseits von Nachbarn gelegen

☐ Treppen im Haus ☐ Türschwellen mit Höhenunterschieden

☐ Rutschige Fließen ☐ Eine Dusche/Wanne mit hohem Einstieg

- 3.3 Wie viele Zimmer bzw. welche Gesamtfläche stehen Ihnen zur Verfügung?

☐ 1-2 Zimmer (Unter 50 qm) ☐ 4-5 Zimmer (70 – 90 qm)

☐ 3-4 Zimmer (50 – 70 qm) ☐ mehr als 5 Zimmer (mehr als 90 qm)

- 3.4 Welche Gründe könnten Sie zu einem Umzug bewegen?

☐ Bisherige Wohnung ist zu klein ☐ Wegfall des Mitbewohners/ Partner

☐ Bisherige Wohnung ist zu groß ☐ Bisherige Wohnung ist zu teuer

☐ Bisherige Wohnung ist nicht altersgerecht ☐ Bisherige Wohnung ist zu weit von Angehörigen entfernt

☐ Ich kann mich nicht mehr selbst versorgen ☐ In der bisherigen Wohnung habe ich keine sozialen Kontakte

☐ Sonstiges: _______________

4. *Freizeit und soziale Kontakte*

♦ 4.1 Sind Sie Mitglied in einem oder mehreren Vereinen?

☐ Ja, in einem   ☐ Ja, aber nicht (mehr) aktiv

☐ Ja, in mehreren   ☐ Nein

♦ 4.2 Wenn ja in welchem/n?

☐ Sportverein   ☐ Natur, Umwelt oder Tiere

☐ Soziale Aktivität, Politik   ☐ Kultur, Geschichte

☐ Ehrenamt   ☐ Anderes. ___________________

♦ 4.3 Wie häufig sehen Sie Ihre Bekannten/Freunde?

☐ Täglich   ☐ Mehrmals im Monat

☐ Mehrmals die Woche   ☐ Seltener als einmal im Monat

☐ Einmal die Woche   ☐ Ich habe keine Bekannten/Freunde

♦ 4.4 Wie zufrieden sind Sie mit der Anzahl ihrer sozialen Kontakte
auf einer Skala von 0 bis 10? – Kreisen Sie eine Zahl ein.

Viel zu wenig, könnten mehr sein   Voll und ganz zufrieden

0 1 2 3 4 5 6 7 8 9 10

5. *Familiäre Situation*

♦ 5.1 Haben Sie Kinder?

☐ Ja, ich habe 1 Kind   ☐ Nein [Weiter mit Frage 5.4]

☐ Ja, ich habe _____ Kinder

♦ 5.2 Sofern ja: Wo wohnen Ihre Kinder?

☐ Gemeinsam mit mir in einem Haus   ☐ Weniger als 50 km entfernt

☐ Im selben Ort   ☐ 50 bis 100 km entfernt

☐ Im selben Landkreis   ☐ Mehr als 100 km entfernt

♦ 5.3 Sofern ja: Wie wichtig ist Ihnen die Beziehung zu ihren Kindern?

Unwichtig   Neutral   Sehr wichtig

0 1 2 3 4 5 6 7 8 9 10

♦ 5.4 Haben Sie Enkelkinder?

☐ Ja, ich habe 1 Enkelkind   ☐ Nein, ich habe kein Enkelkind

☐ Ja, ich habe _____ Enkelkinder   (Falls Nein- Weiter zu 6.)

♦ 5.5 Falls ja – Wie wichtig ist Ihnen die Beziehung zu ihren Enkelkindern?

Unwichtig   Neutral   Sehr wichtig

0 1 2 3 4 5 6 7 8 9 10

4

5

6. *Finanzielle Ressourcen*

‣ 6.1 Wie viel Geld steht Ihnen im Monat zur Verfügung?
   (mit Rente, Nebenjob, ggf. Mieteinkünften)

☐ Unter 500€   ☐ 1000€ bis 1500€

☐ 500 bis 1.000€   ☐ Über 1500€

‣ 6.2 Wie viel zahlen Sie im Monat an Miete mit Nebenkosten?
   Im Falle von Eigentum: Wie viel zahlen Sie an Nebenkosten?

☐ Unter 300€   ☐ 700€ bis 1.000€

☐ Unter 500€   ☐ Über 1.000€

☐ 500€ bis 700€   ☐ Sonstiges: __________

7. *Gesundheit*

‣ 7.1 Wie würden Sie Ihren Gesundheitszustand beschreiben?

☐ Sehr schlecht ☐ Weniger gut ☐ Gut ☐ Sehr gut ☐ Ausgezeichnet

‣ 7.2 Bekommen Sie aktuell Unterstützung oder haben Hilfsmittel,
   um den Alltag zu bewältigen? Ja, und zwar...

☐ Gehhilfe   ☐ Haltegriffe
   (Rollator, Stock oder Rollstuhl)   (Toilette, Badewanne oder Dusche)

☐ Treppenlift   ☐ Seh- und Hörhilfe (Brille, Hörgerät)

☐ Anziehhilfe (z.B. für Strümpfe)   ☐ Haushaltshilfe, Pflegedienst

☐ Spezielles Bett (z.B. Pflegebett) ☐ Unterstützung durch Angehörige

☐ Ebenerdige Dusche   ☐ Hausnotruf

☐ Pflegeleistung, Pflegegeld   ☐ KEINE Unterstützung/ Hilfsmittel
   (Es besteht Pflegebedürftigkeit ☐ Sonstiges: __________________

7.3 Welches der aufgelisteten Unterstützungsmöglichkeiten würden
   Sie sich derzeit (ggf. noch zusätzlich) wünschen?

☐ Gehhilfe   ☐ Haltegriffe
   (Rollator, Stock oder Rollstuhl)   (Toilette, Badewanne oder Dusche)

☐ Treppenlift   ☐ Seh- und Hörhilfe (Brille, Hörgerät)

☐ Anziehhilfe (z.B. für Strümpfe)   ☐ Haushaltshilfe, Pflegedienst

☐ Spezielles Bett   ☐ Unterstützung durch pflegende
   (z.B. mit Einstiegshilfe, Pflegebett) Angehörige

☐ Ebenerdige Dusche   ☐ Hausnotruf

☐ Pflegeleistung, Pflegegeld   ☐ Sonstiges: __________________

8. *Künftige Wohnsituation*

‣ 8.1 Wo würden Sie in Zukunft am liebsten wohnen?

☐ Weiterhin am   ☐ Lieber innenstadtnah   ☐ Lieber am Stadtrand
   jetzigen Wohnort   (5 -10 Gehminuten)   oder Ländlich

‣ 8.2 Was müsste in Ihrer künftigen Wohnung/Ihrem Wohnumfeld in jedem Fall
   vorzufinden sein?

☐ Barrierefrei / Altersgerecht   ☐ Soziales Umfeld, Nette Nachbarn

☐ Aufzug   ☐ Vereine und Aktivitätsmöglichkeiten

☐ Balkon oder Terrasse   ☐ Anbindung an öffentliche
                                    Verkehrsmittel

☐ Garten   ☐ Unterstützungsangebote
                                    (z.B. Pflegedienst)

☐ Sonstiges, ________________________________

8.3 Welche Arten des Wohnens könnten Sie sich für sich selbst vorstellen, falls sich Ihre gesundheitliche Situation verschlechtert?

☐ Weiterhin so wie jetzt unter allen Umständen

☐ Bei oder zusammen mit meinem/n Kind/ern

☐ Alters- oder Pflegeheim

☐ Umzug in altersgerechte Wohnung

☐ Wohnquartier

☐ Senioren-Wohngemeinschaft (WG)

☐ Betreutes Wohnen

☐ 24-Stunden Pflegekraft (zuhause)

☐ Sonstiges: _______________________

8.4 Was könnten Sie sich vorstellen als Unterstützung für zuhause, wenn sich Ihre gesundheitliche Situation verschlechtert?

☐ Leichte Hilfen von Angehörigen

☐ Hilfe durch ambulanten Pflegedienst

☐ Ich erwarte, dass meine Kinder mich versorgen

☐ Unterstützung von einer 24-Stunden-Pflegekraft, die bei mir zuhause einzieht

☐ Ich erwarte, dass meine Kinder mich bei sich aufnehmen

☐ Pflege in Einrichtungen außerhalb von Zuhause (Tagespflege, Kurzzeitpflege)

☐ Zuhause, mit informellen Hilfen (z.B. Nachbarschaftshilfe)

☐ Sonstiges: _______________________

9. Was sollte Ihrer Meinung nach in Ihrem Wohnort im Interesse der älteren Einwohner/-innen (noch) getan werden? (z.B. Nachbarschaftshilfe, Haushaltsnahe Dienstleistungen, Infrastruktur)

____

____

10. Wie zufrieden sind sie aktuell mit Ihrem Leben auf einer Skala von 0 bis 10?

Überhaupt nicht zufrieden   Neutral   Voll und ganz zufrieden

0   1   2   3   4   5   6   7   8   9   10

VIELEN DANK FÜR IHRE UNTERSTÜTZUNG!

8